9

Hamburger Bahnhof

Nationalgalerie der Gegenwart

Andrea Pichl
Wertewirtschaft/ Values of Economy

Für die / For the **Nationalgalerie –
Staatliche Museen zu Berlin
herausgegeben von** / edited by
Sam Bardaouil & Till Fellrath

SilvanaEditoriale

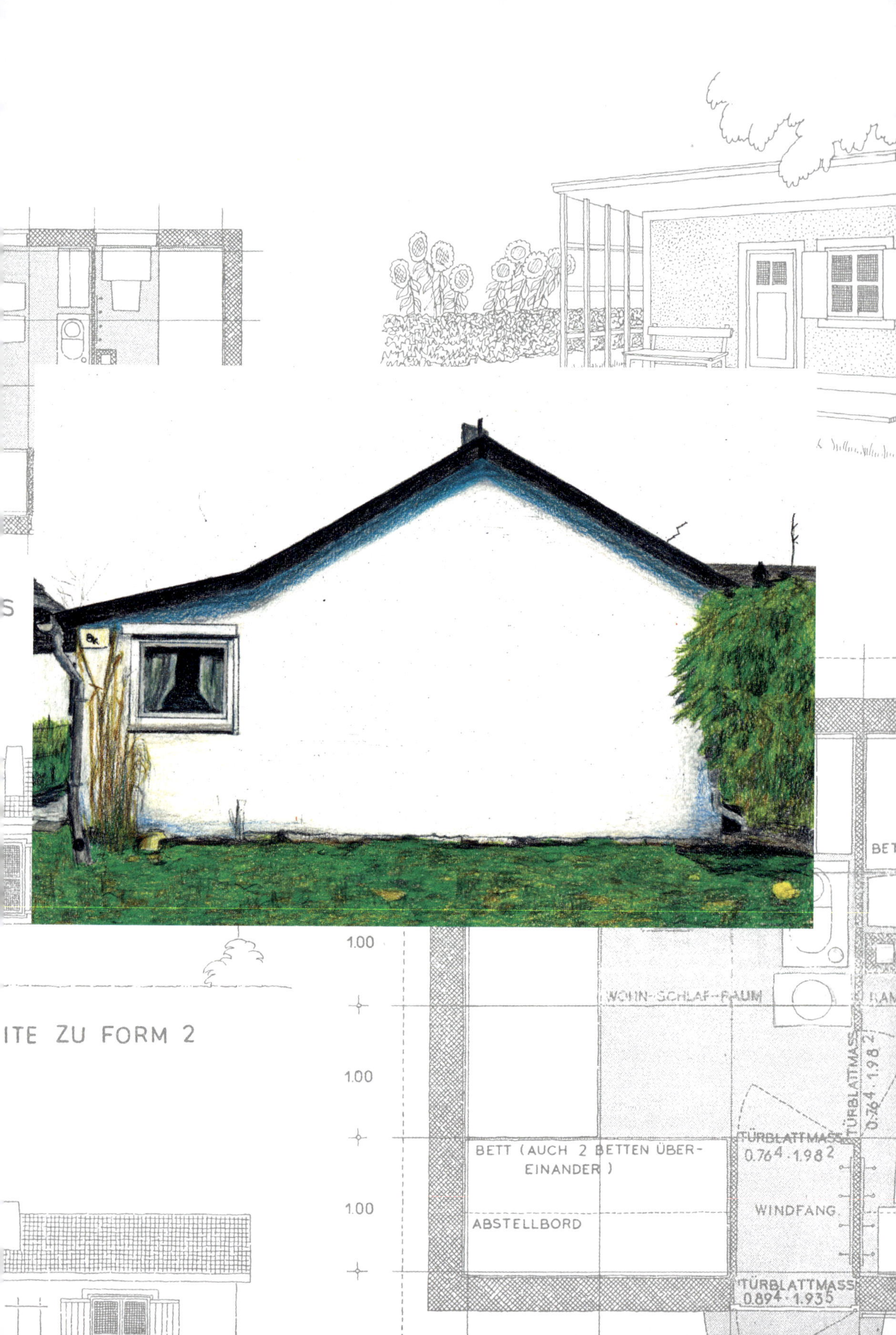
BK
1.00
1.00
1.00
ITE ZU FORM 2
WOHN-SCHLAF-RAUM
KAM
BETT (AUCH 2 BETTEN ÜBER-
EINANDER)
ABSTELLBORD
WINDFANG
TÜRBLATTMASS
0.764·1.982
TÜRBLATTMASS
0.764·1.982
TÜRBLATTMASS
0.894·1.935
BET

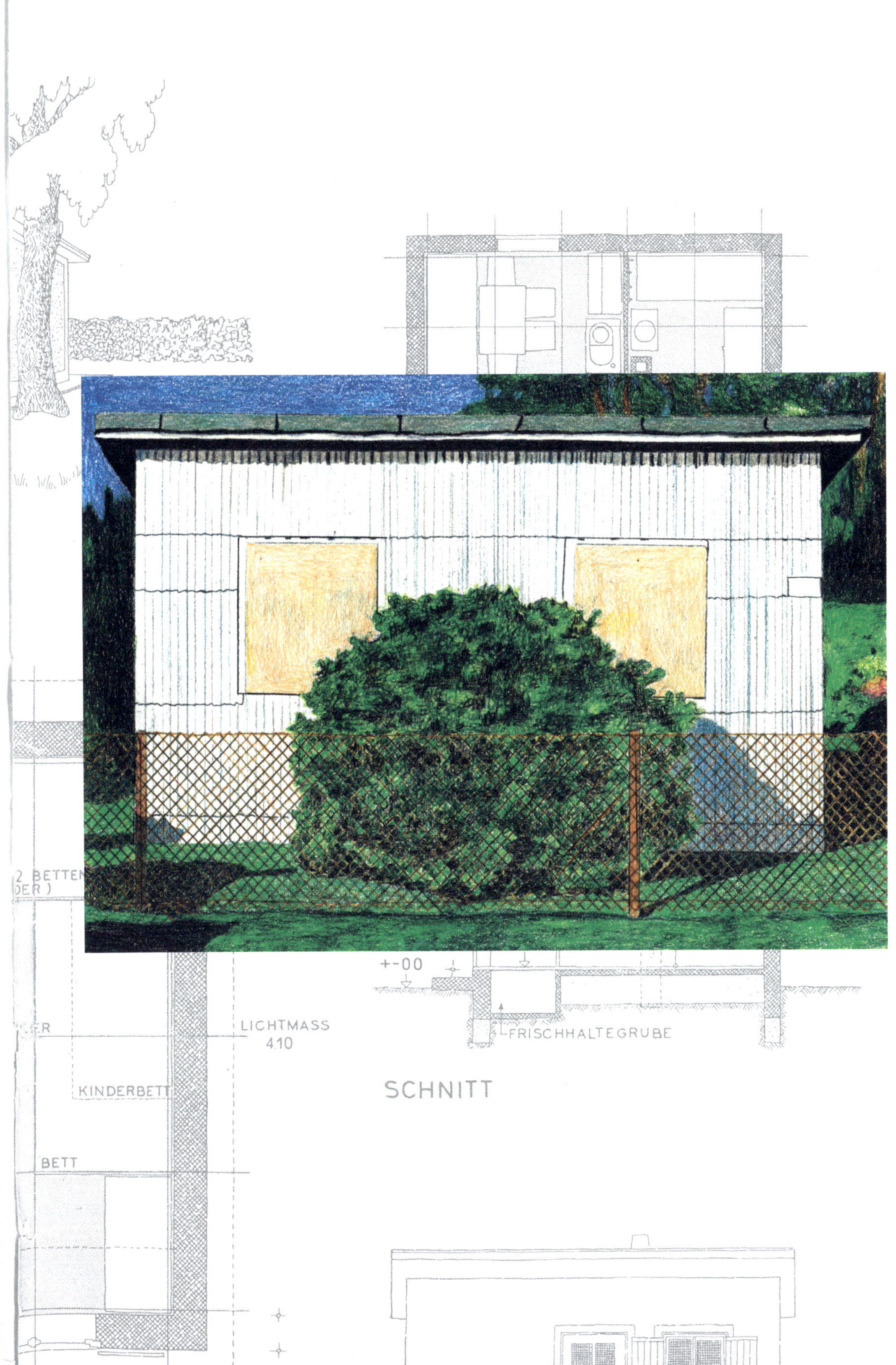

(2 BETTEN
DER)

LICHTMASS
4.10

FRISCHHALTEGRUBE

+-00

KINDERBETT

BETT

SCHNITT

Der verwirklichte W

Bungalow «B 55»

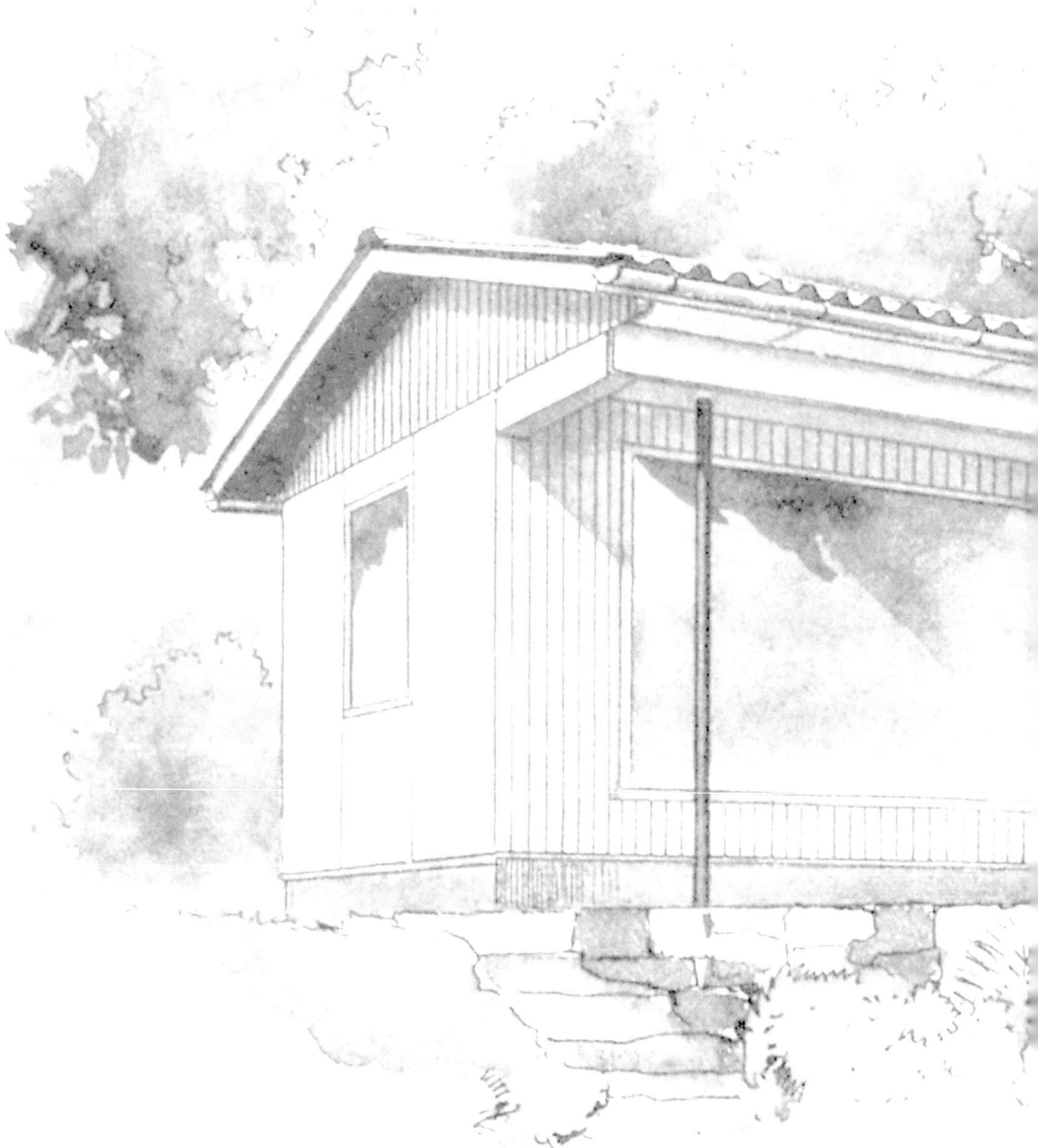

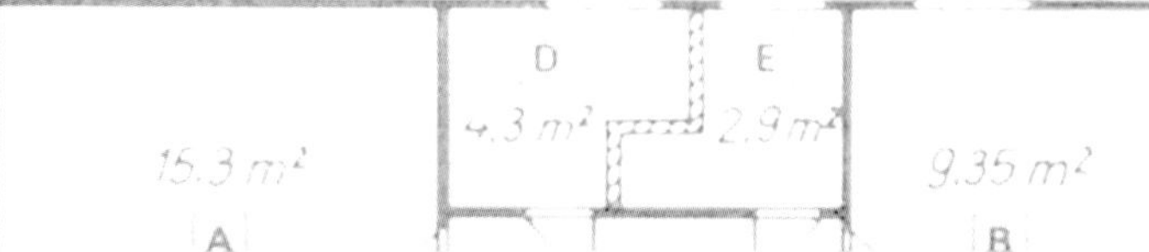

Mit der vom Hersteller g
Anleitung läßt sich dies
errichten, wobei zum L
Oberfundament gehöre

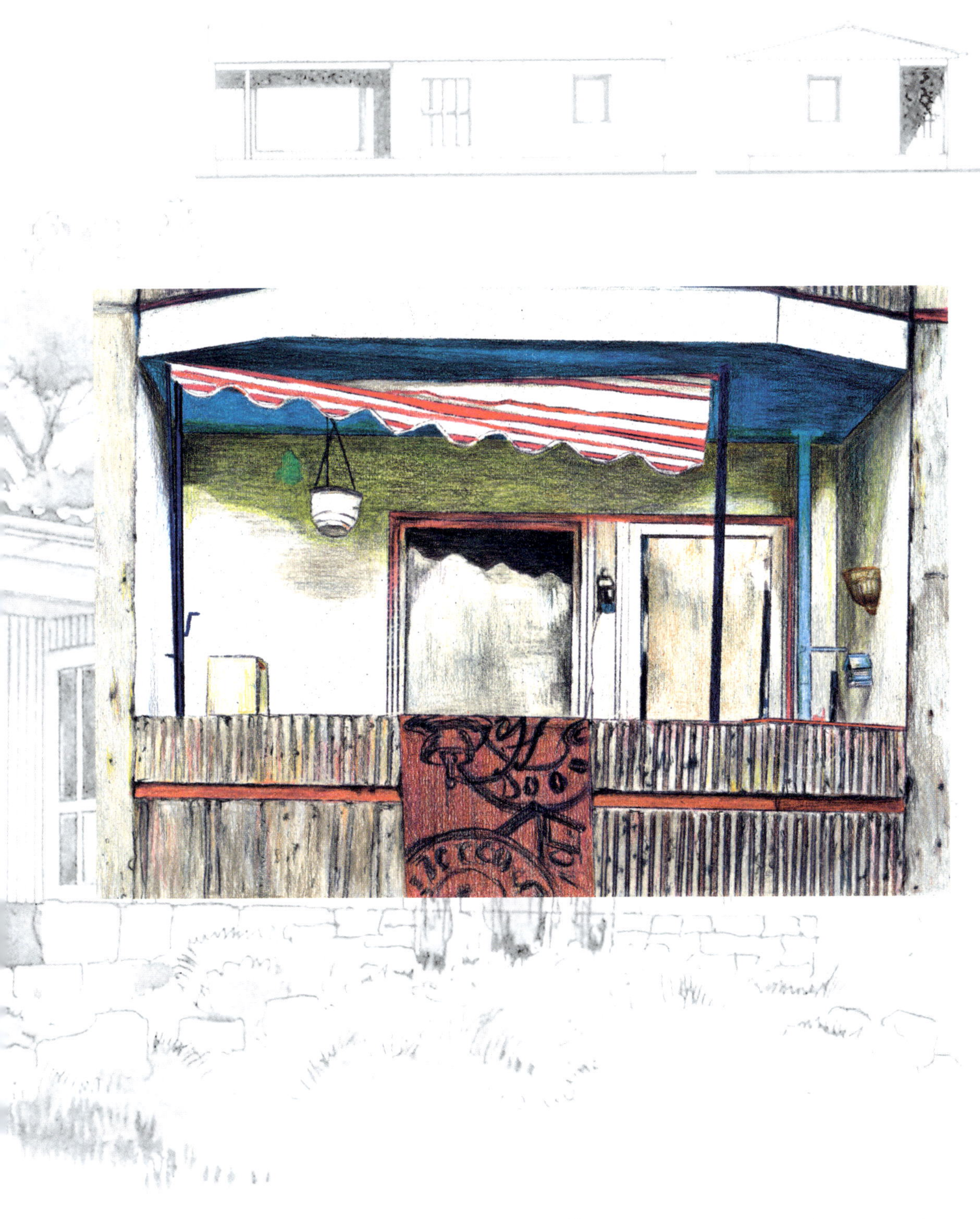

raum 8,70 qm. 2 Schlafraum 8,70 qm. 3 Küche 2,80 qm.
40 qm.

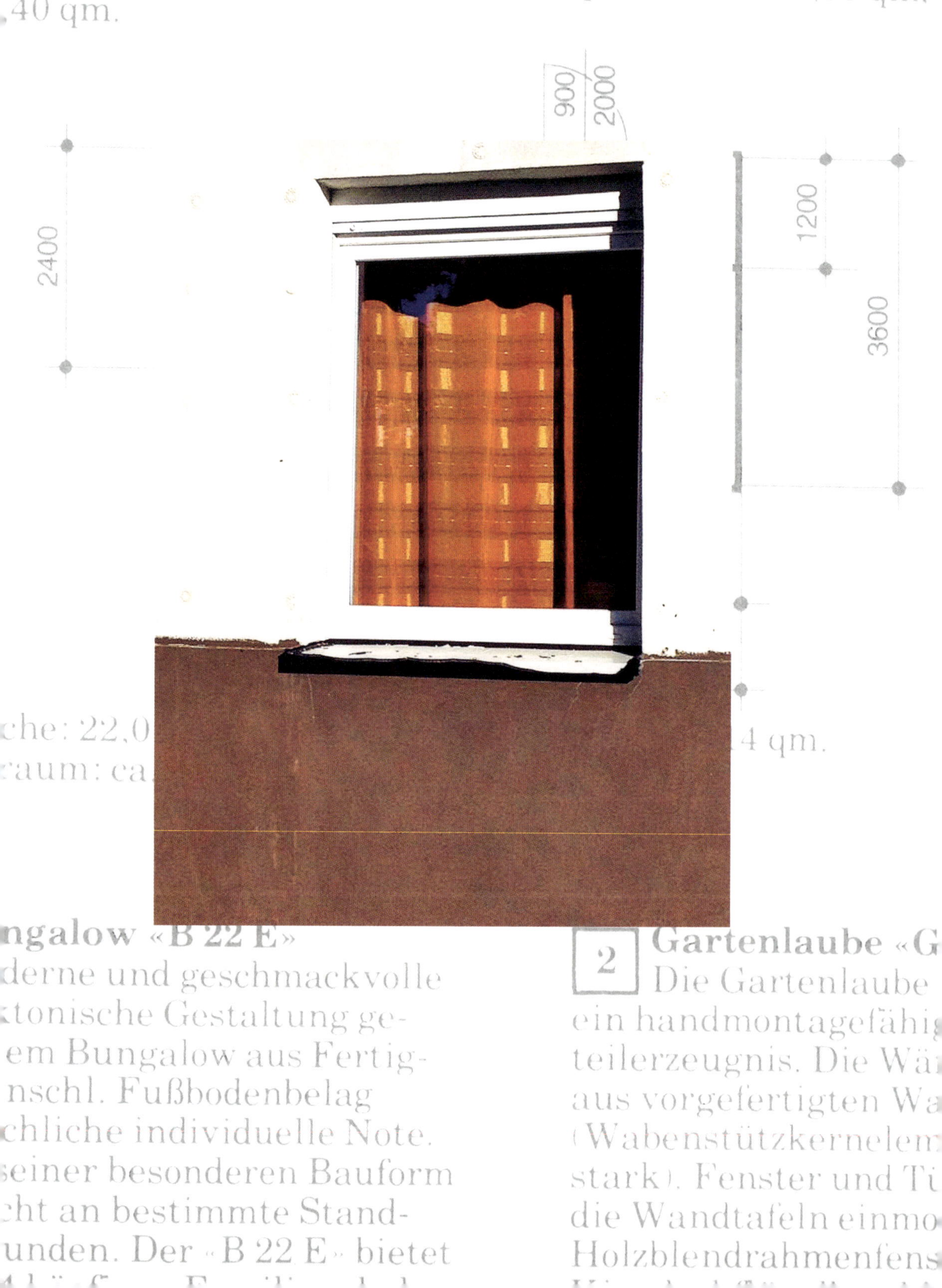

che: 22,0   4 qm.
raum: ca

ngalow «B 22 E»
derne und geschmackvolle
ktonische Gestaltung ge-
em Bungalow aus Fertig-
nschl. Fußbodenbelag
chliche individuelle Note.
einer besonderen Bauform
cht an bestimmte Stand-
unden. Der «B 22 E» bietet

Gartenlaube «G
Die Gartenlaube
ein handmontagefähig
teilerzeugnis. Die Wä
aus vorgefertigten Wa
(Wabenstützkernelem
stark). Fenster und Tü
die Wandtafeln einmo
Holzblendrahmenfens

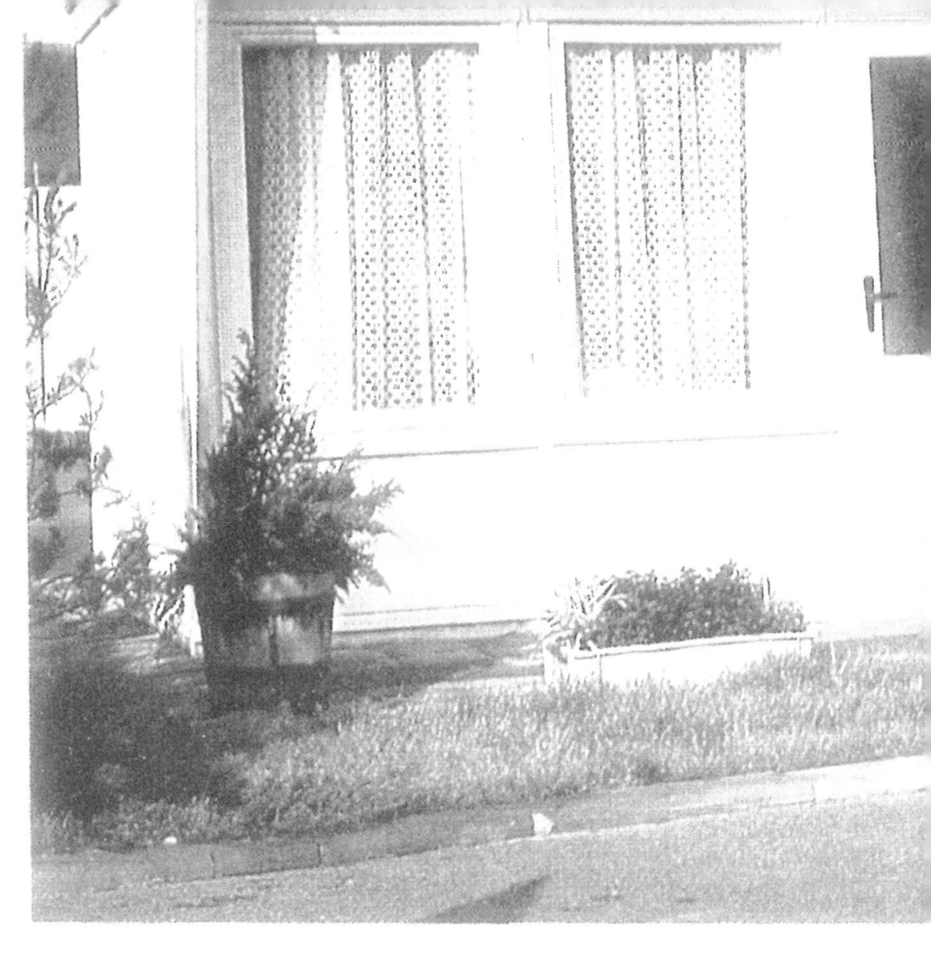

»
17 ist
ertig-
estehen
feln.
36 mm
sind in
t. Die
ind mit

Inhalt / Content

Ornament als Versprechen – Ornament als Verbrechen / Ornament as Promise – Ornament as Crime:

Zu Andrea Pichls Ausstellung / On Andrea Pichl's Exhibition *Wertewirtschaft / Values of Economy* im / at Hamburger Bahnhof – Nationalgalerie der Gegenwart

Sven Beckstette

Andrea Pichl analysiert und schafft Räume. Dazu dient ihr die Architektur der Nachmoderne als Ausgangspunkt, wobei ihr Fokus auf alltäglichen und gewöhnlichen Strukturen oder Elementen liegt, die zumeist standardisiert und massenhaft gefertigt wurden. Das betrifft soziale Wohnungsbaukomplexe genauso wie Gitter, Zäune und Zierelemente aus dem Außen- oder Türen, Vorhänge und Teppiche aus dem Innenraum. Gemeinsam ist diesen anonym entworfenen Formen, dass sie zwar Raum definieren, gestalten oder abgrenzen, wir sie aufgrund ihrer Unscheinbarkeit allerdings kaum wahrnehmen. Auf der Basis von Recherchen entwickelt Pichl Installationen, Skulpturen, Zeichnungen und Foto-

Andrea Pichl analyzes and creates spaces. With the architecture of postmodernity as her point of departure, she focuses on mundane, conventional structures or elements, most of them standardized and mass-produced—whether socialized housing complexes, or grates, fences, and decorative elements from exterior spaces, or doors, curtains, and carpets from interior ones. Common to these anonymously designed forms is that, although they shape, define, and delimit space, due to their ordinariness, we scarcely notice them. On the basis of her research, Pichl develops installations, sculptures, drawings, and photographs.

grafien. Strategien der Aneignung und Übertragung nutzend, lenkt die Künstlerin dabei unseren Blick auf Einzelteile, Fragmente oder Ausschnitte.

In ihrer Ausstellung *Wertewirtschaft / Values of Economy* im Hamburger Bahnhof – Nationalgalerie der Gegenwart nimmt Andrea Pichl eine architektonische Intervention vor. Ein so monumentaler wie leichter Vorhang aus bunt gemusterten Stoffen trennt die Kleihueshalle in zwei Hälften. In beiden Bereichen stehen je eine kleinere und eine größere schwarze Bungalowskulptur, die an einer Spiegelachse symmetrisch ausgerichtet sind. Durch eine Tür lassen sich die Baukörper betreten und eröffnen in ihrem Inneren weitere Werke der Künstlerin.

Nach der vorherigen Einzelausstellung von Naama Tsabar ist Andrea Pichls Rauminstallation die zweite zeitgenössische Position, die parallel zur Dauerpräsentation von Joseph Beuys in der Kleihueshalle im Hamburger Bahnhof gezeigt wird. Mit dem Titel *Wertewirtschaft* bezieht sich Pichl auf den Werkkomplex der *Wirtschaftswerte* von Beuys. Diese Gruppe von Arbeiten basiert auf Waren wie Lebensmittel und Gebrauchsgegenstände, die hauptsächlich aus der DDR stammten und die Beuys mühsam in den Westen schmuggeln ließ. Laut Klaus Staeck war dieser vor allem an der behelfsmäßig wirkenden, „einfachen Verpackung" der Güter aus Ostdeutschland interessiert, deren Hüllen er beschriftete und signierte.[1] Für eine Ausstellung im Museum van Hedendaagse Kunst in Gent stellte Beuys 1980 einige seiner *Wirtschaftswerte* zu einer Installation in einem Metallregal zusammen.[2]

Using strategies of appropriation and transfer, the artist directs our gaze toward individual components, fragments, or details.

In her exhibition *Wertewirtschaft / Values of Economy* at Hamburger Bahnhof – Nationalgalerie der Gegenwart, Andrea Pichl undertakes an architectural intervention. A curtain of colorfully patterned fabrics, as monumental as it is light, divides the Kleihueshalle into two halves. In each of the two sections stand a smaller and a larger black bungalow sculpture, arranged symmetrically on either side of an axis. The buildings can be entered through a door, revealing other works by the artist on their interior.

Following the previous solo exhibition by Naama Tsabar, Andrea Pichl's installation is the second contemporary position to be shown alongside the permanent exhibition of Joseph Beuys in the Kleihueshalle at Hamburger Bahnhof. With the title *Values of Economy*, Pichl makes reference to Beuys's *Wirtschaftswerte* [Economic Values], a complex of works based on merchandise such as groceries and household items, primarily from the German Democratic Republic (GDR) and laboriously smuggled into the West at Beuys's instigation. According to Klaus Staeck, Beuys was interested above all in the makeshift-seeming "simple packaging" of commodities from East Germany, whose wrappers he labeled and signed.[1] For an exhibition at the Museum van Hedendaagse Kunst in Ghent in 1980, Beuys assembled a number of his *Wirtschaftswerte* into an installation on metal shelving.[2]

Like that of Beuys, Andrea Pichl's presentation addresses the economic transfer of money

---

1 Klaus Staeck, „Luvos Heilerde und Zwiebackbruch" in: ders. & Gerhard Steidl (Hg.), *Joseph Beuys: Das Wirtschaftswertprinzip*, Edition Staeck, Heidelberg 1990, S. 7.
2 Vgl. hierzu: Max Rosenberg, „Ganz langsam durch die Mauer: Joseph Beuys' Ökonomie der Transformation" in: *Texte zur Kunst* 85 (März 2012), S. 71–81. Zum Verhältnis von Beuys und der DDR vgl. weiterhin: Eugen Blume, „Beuys and the GDR: The Individual as Political" in: Claudia Mesch & Viola Michely (Hg.), *Joseph Beuys: The Reader,* London: Bloomsbury Publishing 2007, S. 304–319.

---

1 Klaus Staeck, "Luvos Heilerde und Zwiebackbruch," in *Joseph Beuys: Das Wirtschaftswertprinzip,* ed. Klaus Staeck and Gerhard Steidl (Heidelberg: Edition Staeck, 1990), 7.
2 Cf. Max Rosenberg, "Through the Wall, Slowly: Joseph Beuys's Economy of Transformation," *Texte zur Kunst* 85 (March 2012): 70–80. On the relationship between Beuys and the GDR, cf. also Eugen Blume, "Beuys and the GDR: The Individual as Political," in *Joseph Beuys: The Reader*, ed. Claudia Mesch & Viola Michely (London: Bloomsbury Publishing, 2007), 304–19.

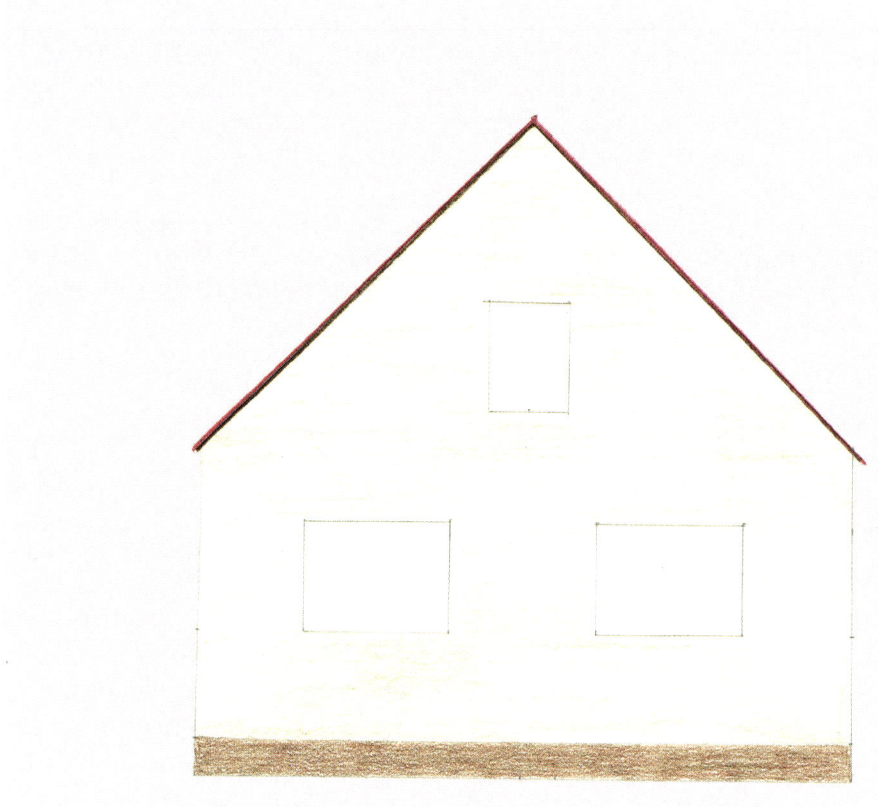

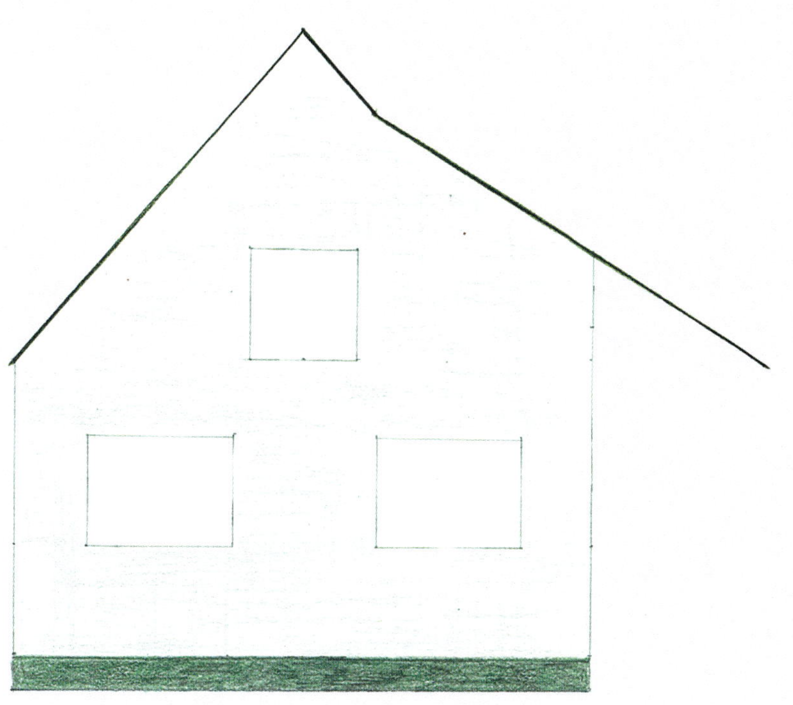

Andrea Pichl, Zeichnungen aus der Serie / drawings from the series *Häuser / Houses,* 2107, je / each 30 × 30 cm, Graphit und Buntstift auf Papier / graphite and colored pencil on paper

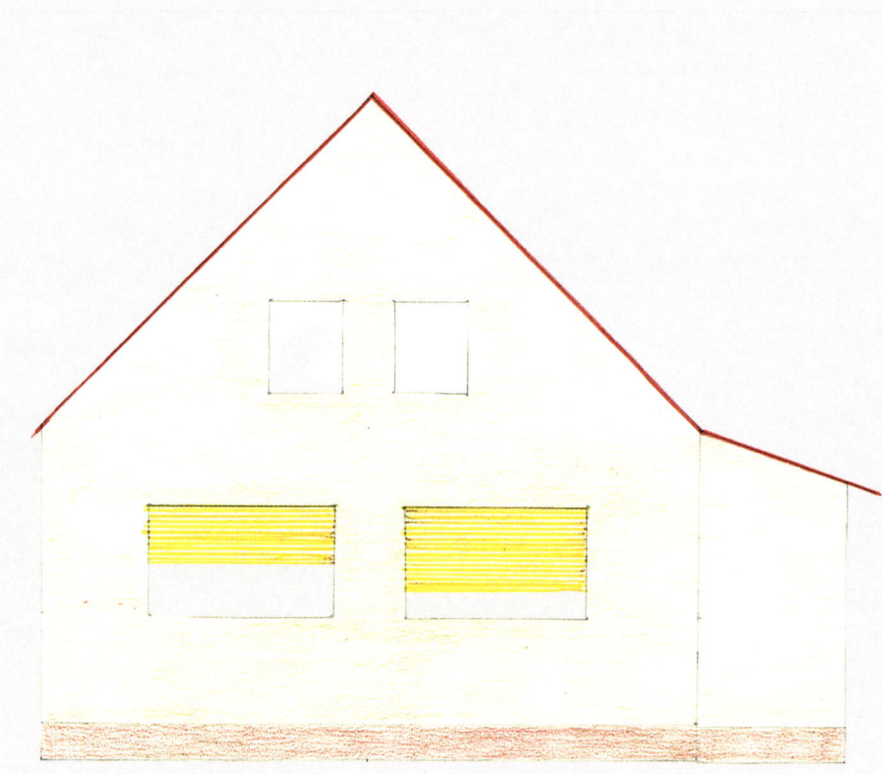

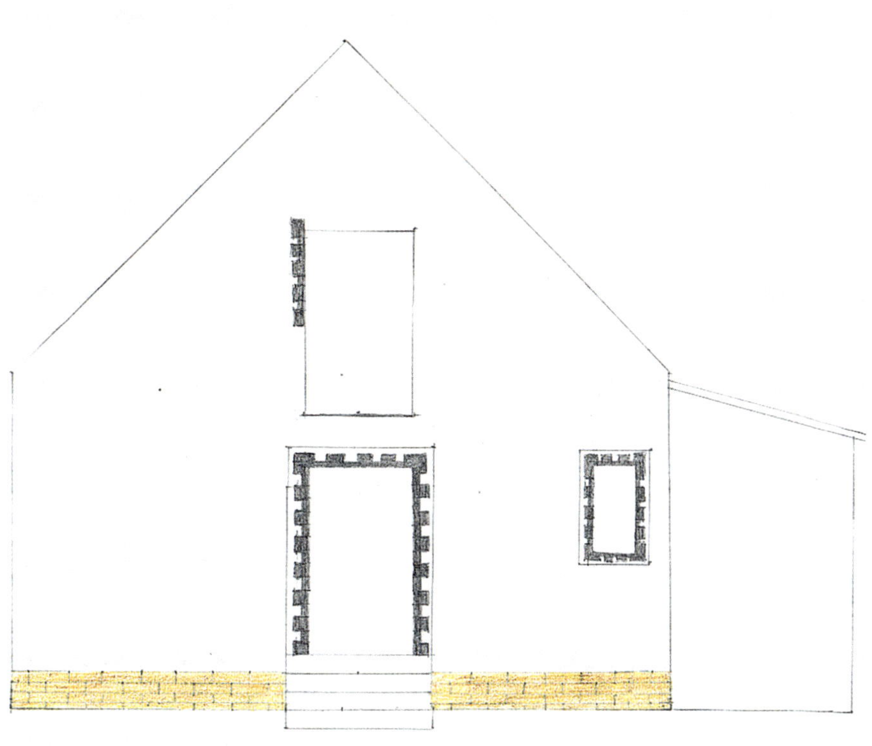

Andrea Pichl, Zeichnungen aus der Serie / drawings from the series
Häuser / Houses, 2107, je / each 30 × 30 cm, Graphit und Buntstift auf
Papier / graphite and colored pencil on paper

Vergleichbar mit Beuys geht es auch in Andrea Pichls Präsentation um den ökonomischen Transfer von Geld und Gütern zwischen Ost- und Westdeutschland. Im Unterschied zu Beuys jedoch geht Pichl vom umgekehrten Weg aus. So greift die Form der Baukörper maßstabsgetreu Typen von Fertighäusern auf, die in Katalogen der Genex Geschenkdienst-GmbH von Westdeutschen für Freund*innen und Verwandte im Osten bestellt werden konnten. 1956 von der DDR-Führung initiiert war dieser Versandhandel ein Mittel, um an wirtschaftlich notwendige Devisen zu kommen. Das Sortiment der Genex-Kataloge umfasste Waren aus Westdeutschland, aber auch Produkte aus der DDR, die via Genex wesentlich schneller zu bekommen waren.

Das Material des Vorhangs symbolisiert die Textilindustrie, die in Ostdeutschland eine besondere ökonomische Bedeutung besaß.

Neben Artikeln für den lokalen Markt und die Länder des Ostblocks wurden in der DDR wiederum gegen Devisen auch Stoffprodukte für westdeutsche Unternehmen – Versandhäuser wie Quelle oder Neckermann – hergestellt, die das dortige, niedrige Lohnniveau oder wie im Falle von Bettwäsche und Strumpfhosen auch Zwangsarbeit tolerierten. Im Gegenzug erhielt die DDR hochwertige westliche Technik, was gleichzeitig die industrielle Fertigungsqualität der Ostprodukte für den Westhandel verbesserte.

Pichls Arbeit verweist auch auf die Auswirkungen der Transformation in Folge der Maueröffnung 1989/90. In deren Folge war der Wirtschaftszweig der ostdeutschen Textilindustrie einem raschen Niedergang ausgesetzt. Wie andere kamen auch die Betriebe aus diesem Segment in die Verwaltung der Treuhandanstalt. Ein Großteil der Textilunternehmen wurde in der Folge liquidiert oder privatisiert und nur wenige Fabriken überlebten den Wandel. Viele der Arbeiter*innen verloren dabei ihre Stellen, was vor allem Frauen betraf, die in diesem Bereich vorwiegend tätig waren.

and goods between East and West Germany. In contrast to Beuys, however, Pichl approaches the subject from the reverse direction. In their form, her bungalow sculptures are true-to-scale replicas of the types of prefabricated houses that West Germans could order for friends and relatives in the East from the catalogs of the gift service company Genex Geschenkdienst-GmbH. Established in 1956 by the government of the GDR, this mail-order company was a means of acquiring economically necessary foreign currency. The merchandise in the Genex catalogs included not only commodities from West Germany, but also products from the GDR that could be obtained much more quickly through Genex.

The fabric of the curtain symbolizes the textile industry, which was of special economic significance for East Germany. In addition to items for the local market and other Eastern bloc countries, textiles for West German businesses—companies such as the mail-order houses Quelle or Neckermann, which benefitted from low wages or even, in the case of bedding and hosiery, tolerated forced labor—were produced in the GDR, once again in exchange for foreign currency. In return, the GDR gained access to advanced Western technology, which at the same time improved the quality of industrial production of goods from the East for the Western market.

Pichl's work also points to the effects of the transformation following the opening of the Berlin Wall in 1989–90, in the course of which the East German textile industry suffered rapid economic decline.

Like other industries, the businesses in this sector came under the administration of the Treuhandanstalt [Trust Agency]. Many textile companies were liquidated or privatized, and only a few factories survived the change. A large proportion of workers lost their jobs, above all women, who made up most of the work force in the industry.

Die architektonischen Baukörper in Pichls Ausstellung dienen als Kabinette für andere Arbeiten der Künstlerin. Jeder Bungalow ist dabei einem bestimmten Thema zugeordnet. Die Geschichte, Standardisierung und Distribution der Bungalows steht in einem Bau im Zentrum.

Hier sind die Wände mit Seiten aus dem Genex-Katalog tapeziert und zeigen den Verkaufskontext der Häuser auf. Sie werden als Sinnbilder privaten Idylls angepriesen, als ein „verwirklichter Wochenend-Traum".

Auf einen historischen Vorläufer verweist eine weitere Tapete, die aus einer *Behelfsheimfibel* stammt. Dieser Gebäudetyp war von dem Architekten Ernst Neufert in der Endphase des Zweiten Weltkriegs entworfen worden, um Familien eine Unterkunft zu geben, die ihre Wohnung durch die Bombardierungen der Städte verloren hatten. Die *Behelfsheimfibel* lieferte eine Anleitung samt Materialangaben zum Errichten dieses Unterkunftsbaus. Dessen Proportionen basierten auf einer Norm, die Neufert zuvor im Auftrag von Hermann Görings Reichsluftfahrtministerium für den Bau von Fabrikanlagen – zunächst für die Luftfahrtindustrie – festgelegt hatte. Pichl behandelt diesen Aspekt in ihrer Skulptur *Palimpsest* (2024), in der sie sich mit den Zeitschichten des Reichsluftfahrtministeriums von der Nazizeit über die DDR bis in die Periode nach der Maueröffnung auseinandersetzt. Heute beherbergt das Gebäude das Bundesministerium für Finanzen.

Die Richtlinien von Neufert, wie etwa die Höhe des Innenraums, wurden auf andere Gebäudetypen ausgeweitet und finden sich in den Behelfsheimen wie auch den Bungalows aus dem Genex-Katalog wieder. Und auch die Behelfsheime werden in der Fibel als Erfüllung des Traums vom Eigenheim überhöht, was vor dem Hintergrund des laufenden Krieges wie ein zynisches Versprechen klingt.

The architectural structures in Pichl's exhibition serve as cabinets for other works by the artist. Each bungalow sculpture revolves around a specific theme. In one of them, the history, standardization, and distribution of the bungalows are the central focus. Here, the walls are papered with pages from the Genex catalog, illustrating the context within which the houses were sold. They are touted as emblems of a private idyll, as a "weekend dream come true."

Another wallpaper, taken from a *Behelfsheimfibel* [shelter manual], alludes to a historical precursor. The *Behelfsheim* [lit. makeshift home] as a building type was designed by the architect Ernst Neufert during the final phase of World War II to accommodate families who had lost their homes in the bombardment of the cities. The "shelter manual" provides instructions, along with material specifications, for building such accommodations. The proportions are based on a standard previously established by Neufert for the construction of factories, initially for the aviation industry, in the service of Hermann Göring's Reichsluftfahrtministerium [Ministry of Aviation].

Pichl addresses this aspect in her sculpture *Palimpsest* (2024), in which she explores the historical layers of the Reichsluftfahrtministerium from the Nazi era through the GDR to the period after the opening of the Wall. Today, the building houses the Federal Ministry of Finance.)

Neufert's specifications, such as the height of the interior space, were extended to other building types and recur in the shelters as well as in the bungalows from the Genex catalog. In the manual the shelters, too, are exalted as the fulfillment of the dream of a home of one's own—a cynical-seeming promise against the backdrop of the ongoing war.

Drawings by Pichl in this bungalow depict shelters in their current condition; other drawings, whose aesthetics recall technical drafting,

Zeichnungen von Pichl in diesem Bungalow stellen heutige Zustände von Behelfsheimen dar; andere, deren Ästhetik an technische Zeichnungen erinnert, verweisen auf die individuelle Fassadengestaltung von gleichförmigen DDR-Haustypen. Diese Aspekte behandelt auch eine Doppelprojektion in einem weiteren Bungalow. Die darin gezeigten Fotos stammen aus Pichls Archiv, in dem sie fotografisch den Zerfall, architektonische Notlösungen und Provisorien sowie dekorative Aneignungen durch die Bewohner*innen notiert und sammelt.

Geht es in diesen Werken um den Willen zur Gestaltung des eigenen Lebensbereichs in einer normierten und vorgeschriebenen Welt, so befassen sich die beiden anderen Bungalows mit der Repräsentation von politischer Macht. In einem Kabinettbau zeigen Buntstiftzeichnungen Details wie farbenfrohe Teppichdessins und wohnliche Topfpflanzen aus dem Büro von Erich Mielke in der Zentrale des Ministeriums für Staatssicherheit in Berlin. Dazu kommen Ausschnitte von Außenansichten der kleinbürgerlichen Häuser in der Waldsiedlung Wandlitz, in denen Mitglieder der SED-Regierung wie Otto Grotewohl, Erich Honecker und Egon Krenz gelebt haben, die die DDR maßgeblich zu einem Überwachungsstaat ausgebaut haben. Die Banalität und einfach-schmucklose Gestaltung der Dinge steht im Gegensatz zur Machtausübung und Täterschaft, die mit ihren Benutzer*innen verbunden ist.

Dies gilt im Besonderen für ein Foto, das Pichl im Archiv des Ministeriums für Staatssicherheit gefunden und in Betondruck übertragen hat. Es zeigt Mitarbeiterinnen des Geheimdienstes bei einer Yoga-Übung in der Stasi-Zentrale. Die Mode lässt darauf schließen, dass das Bild aus den 1980er-Jahren stammt.

Die Heiterkeit des Motivs steht der eigentlichen Tätigkeiten der Ausführerinnen des Repressionsapparats entgegen, wodurch die Szene zwischen unfreiwilliger

show the individualized façade design of uniform GDR house types. These aspects are also addressed in a double projection in another bungalow sculpture. The images shown there are taken from Pichl's archive, in which she photographically collects and documents the architectural decay, stopgaps, and workarounds as well as the decorative appropriations of the residents.

While these works explore the will to design one's own living space in the midst of a prescribed and standardized environment, the other two bungalow sculptures focus on the representation of political power. In a cabinet room, drawings in colored pencil show details such as the colorful carpet designs and cozy potted plants from the office of Erich Mielke at the headquarters of the Ministerium für Staatssicherheit [Ministry for State Security] in Berlin. There are also details of exterior views of bourgeois homes in the *Waldsiedlung* [forest settlement], a residential estate near Wandlitz. The houses were inhabited by members of the socialist government such as Otto Grotewohl, Erich Honecker, and Egon Krenz, who played a key role in transforming the GDR into a police state.

The banality of the objects and their simple, unornamented design stand in opposition to the exercise of power and perpetration associated with their users.

This is especially true of a photo that Pichl found in the archive of the Ministerium für Staatssicherheit (Stasi) and printed on concrete panels. It shows female employees of the state security agency doing yoga in the Stasi headquarters. The fashions date the image to the 1980s. The cheerfulness of the motif contrasts with the actual work of these executors of the repressive apparatus, causing the scene to oscillate between involuntary comedy and bewilderment. The result is a feeling of eerie innocuousness, intensified still more by the colorful blankets of the gymnasts and the patterned curtains on the windows.

Komik und Fassungslosigkeit schwankt, ein Gefühl unheimlicher Harmlosigkeit, das durch die vielen bunten Decken der Turnerinnen sowie die gemusterten Vorhänge vor den Fenstern noch gesteigert wird.

Herausgelöst aus ihrem ursprünglichen Zusammenhang unterzieht Pichl Dekorationen, Objekte und Räume einer kritischen Reflektion. Sie hinterfragt, welches Bild des Menschen und welche Vorstellungen von gesellschaftlichem Zusammenleben ihnen eingeschrieben sind: Was sagt der Geschmack einer Zeit über sie aus? Welche Ideologien und Normen hallen in ihren Ornamenten und Gebäuden wider? Worin manifestieren sich unsichtbare Strukturen wie Staatsgewalt, Kapitalfluss und historische Umbrüche, wo endet Öffentlichkeit und beginnt Privatheit, wann schlägt eine utopische Vision in eine dystopische Realität um?

Pichl extricates these decorations, objects, and spaces from their original context and subjects them to critical reflection. She interrogates the images of humanity and conceptions of social coexistence inscribed into them: What does contemporary taste say about an era? What ideologies and norms resonate in its ornaments and buildings? How do invisible structures such as state power, the flow of capital, and historical upheaval manifest themselves, and where does the public sphere end and the private one begin? When does a utopian vision become a dystopian reality?

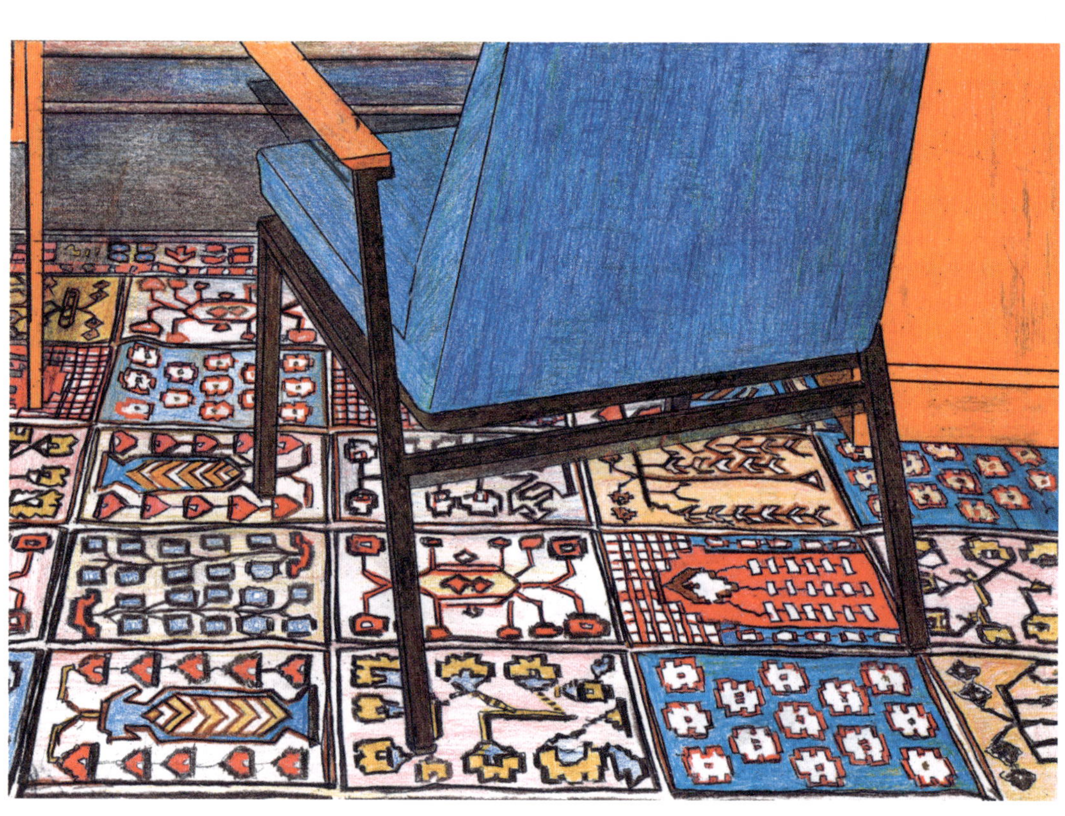

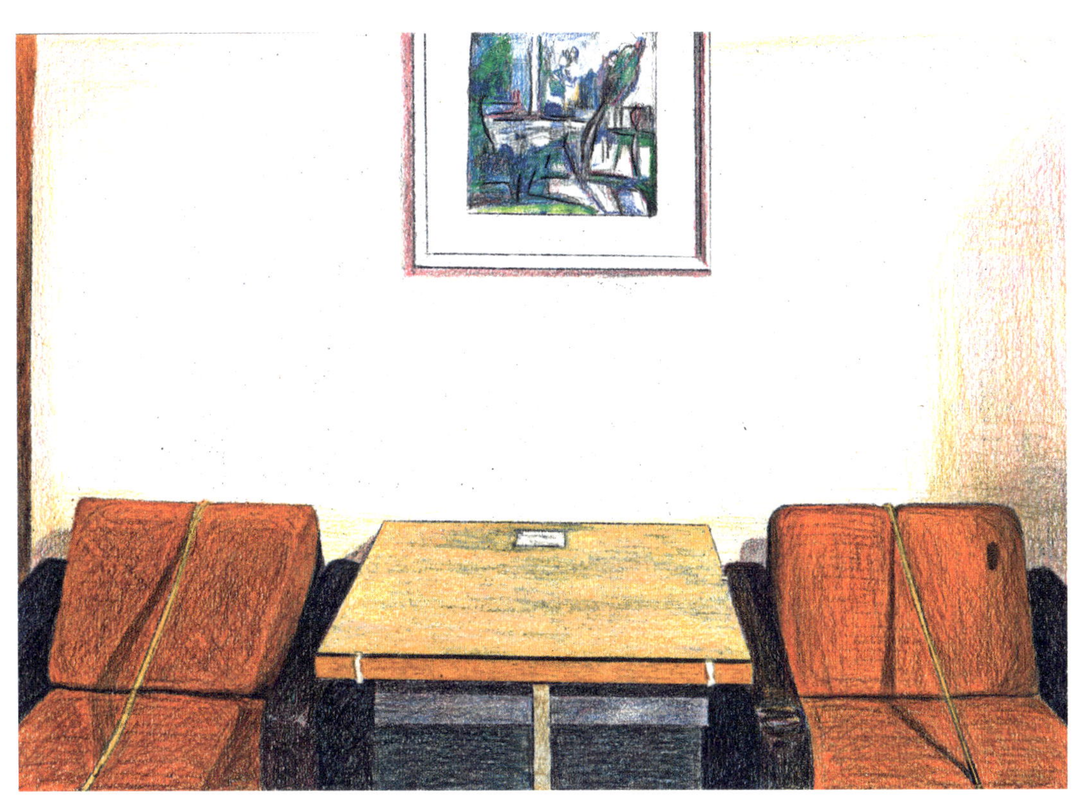

Andrea Pichl, Zeichnungen aus der Serie / drawings from the series
Stasizentrale / Stasi Headquarters, 2020/21, je / each 21 × 29,7 cm,
Buntstift auf Papier / colored pencil on paper

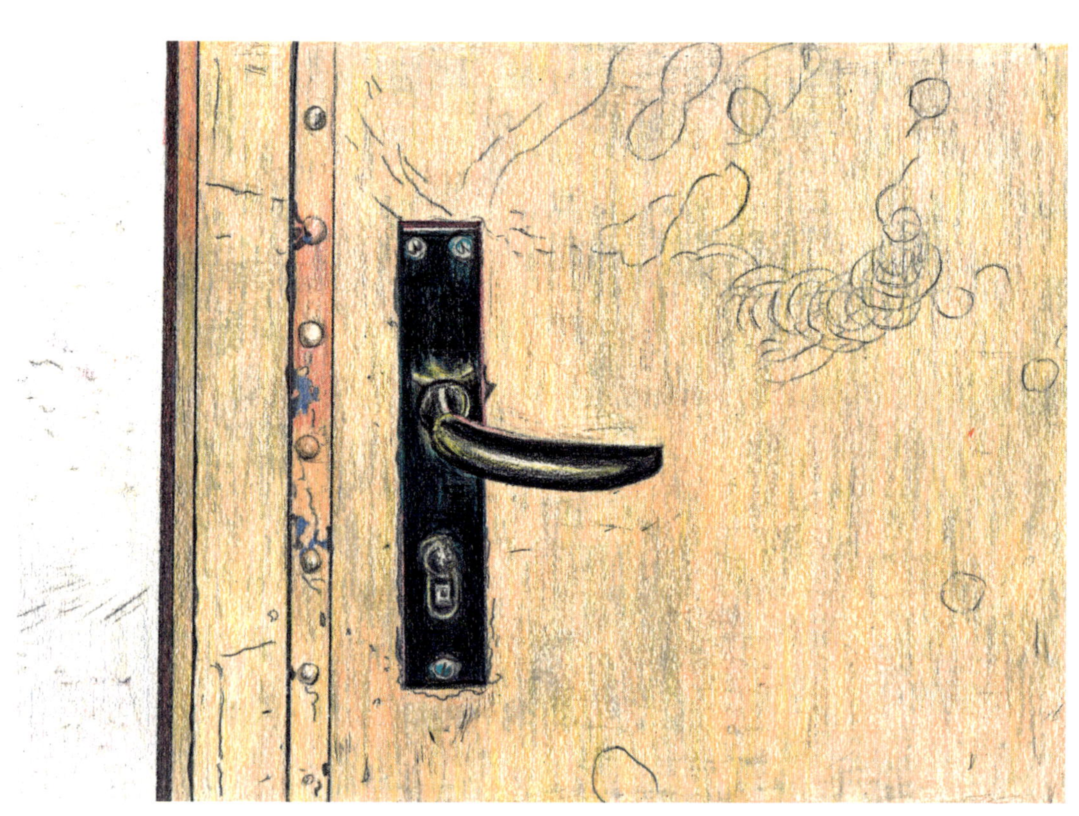

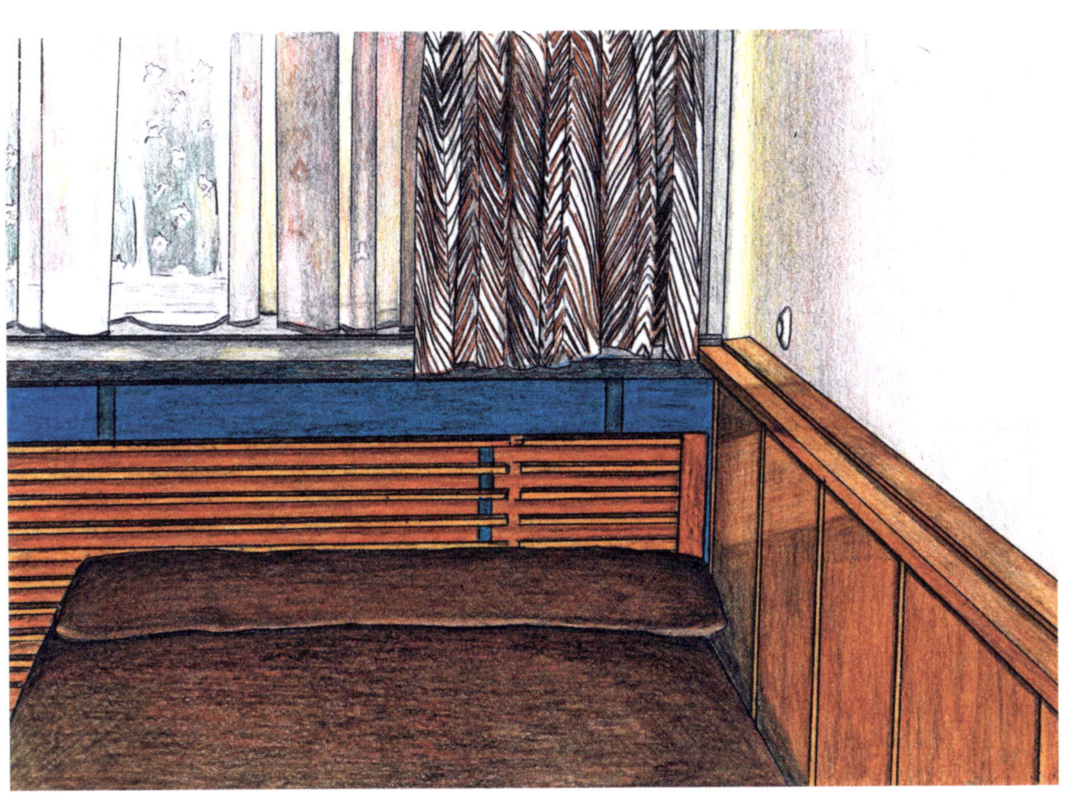

Andrea Pichl, Zeichnungen aus der Serie / drawings from the series
Stasizentrale / Stasi Headquarters, 2020/21, je / each 21 × 29,7 cm,
Buntstift auf Papier / colored pencil on paper

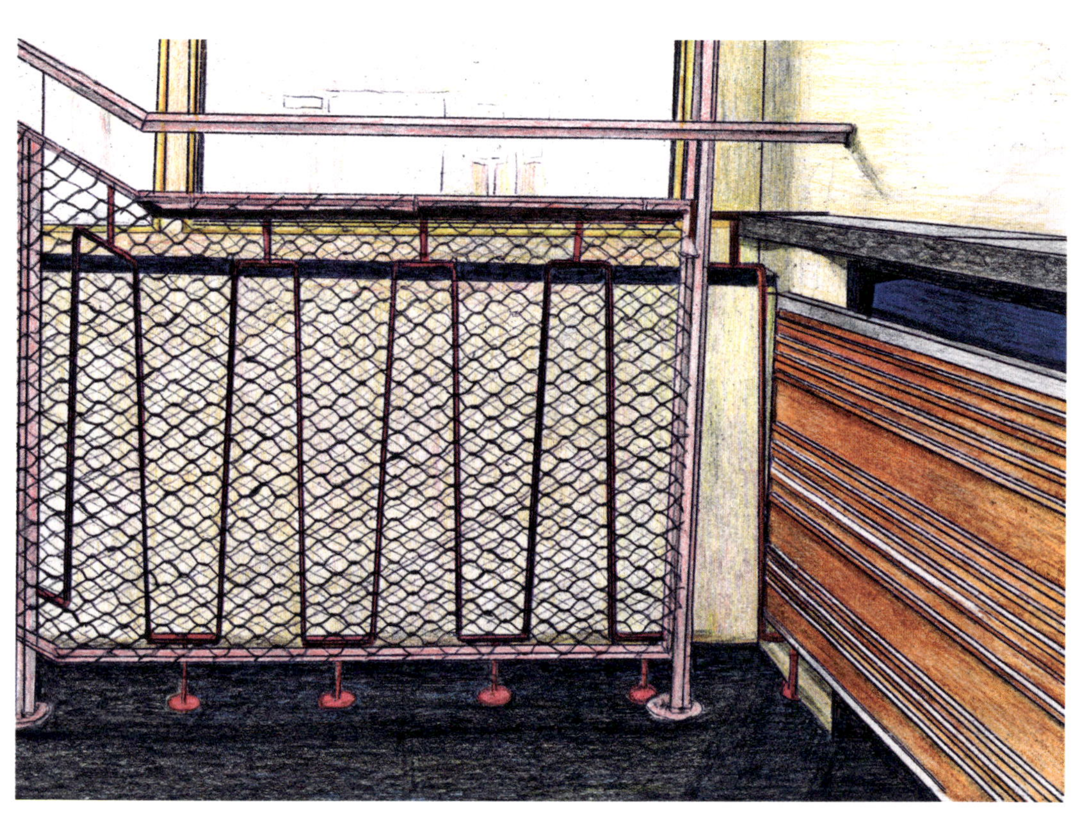

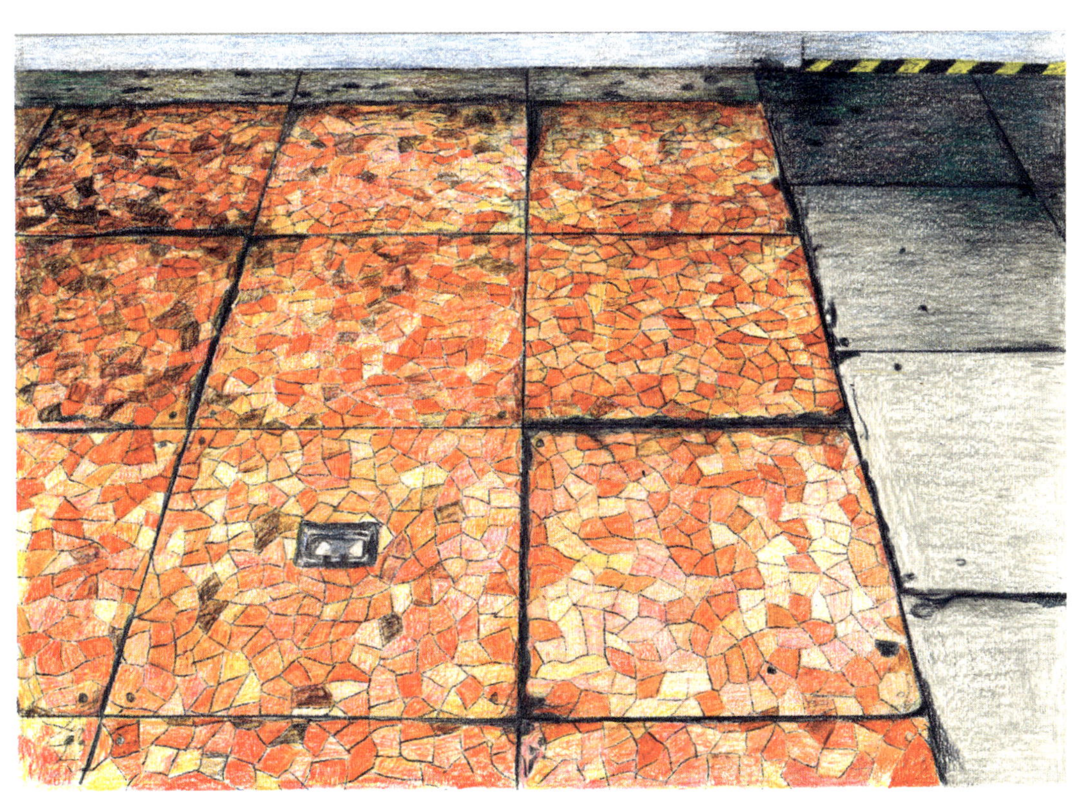

Andrea Pichl, Zeichnungen aus der Serie / drawings from the series
Stasizentrale / Stasi Headquarters, 2020/21, je / each 21 × 29,7 cm,
Buntstift auf Papier / colored pencil on paper

Das gute Gefühl für schlechten Geschmack / The Good Sense of Bad Taste

Eine Unterhaltung / A Conversation:
Sven Beckstette und / and
Gabriele Knapstein mit / with
Andrea Pichl

Sven Beckstette: In Deiner Ausstellung *Wertewirtschaft / Values of Economy* geht es um den ökonomischen Transfer von Kapital und Waren zwischen Ost- und Westdeutschland vor und nach der Teilung. Das ist ein Thema, mit dem Du Dich bereits 2009 in Deiner Arbeit *Proraer Chaussee* für die Ausstellung *Reconstructed Zone* im Kunstverein Wolfsburg beschäftigt hast. Da ging es um ein Kompensationsgeschäft zwischen dem Volkswagen-Konzern in Wolfsburg und der DDR-Regierung um 1980.

Sven Beckstette: Your exhibition *Wirtschaftswerte / Values of Economy* explores the economic transfer of capital and goods between East and West Germany, before and after the division of the country. It's a theme you addressed already in 2009 in your work *Proraer Chaussee* for the exhibition *Reconstructed Zone* at the Kunstverein Wolfsburg. There, the focus was on a compensation deal between the Volkswagen corporation in Wolfsburg and the government of the German Democratic Republic (GDR) around 1980.

Andrea Pichl: Ulrich Müther wurde 1977 als ‚Betonspezialist' für Betonschalenbau, nicht etwa als Architekt eingeladen, das Planetarium im westdeutschen Wolfsburg zu planen. Im Gegenzug sollte die DDR 10.000 VW Golf in einem Kompensationsgeschäft von Volkswagen bekommen. Während meiner Recherchen bin ich auf etliche Presseartikel gestoßen, aber auch auf die detaillierten Protokolle seiner Ein- und Ausreisen zu Arbeitsbesprechungen. In der Wolfsburger Presse wurden nach der Eröffnung 1983 dann vorrangig die Innenarchitekten des Planetariums aus Wolfsburg hervorgehoben. Ich hatte damals versucht, über die historische Abteilung von VW genauere Informationen zu dem Geldtransfer und die daran geknüpften Bedingungen zu bekommen, leider erfolglos. In meiner Arbeit *Proraer Chaussee* habe ich mich zum einen mit den Architekturen Ulrich Müthers beschäftigt, hier konkret mit der Konstruktion einer Bushaltestelle, mithilfe derer er statische und konstruktive Versuche für dann größere Bauten wie das Planetarium unternahm.

SB: Das war aber nur ein Teil Deines Beitrags. Außerdem ging es da um die Kugelleuchte Clip+Clap, ebenfalls ein Objekt aus der DDR. Warum hast Du diese beiden Geschichten miteinander kombiniert?

AP: Die Clip+Clap Kugelleuchte wurde in der DDR von zwei Berliner Designern, Albrecht Ecke und Reinhard Pannier, noch während ihres Studiums an der Kunsthochschule Weißensee in Berlin entwickelt. Sie besteht aus Kunststofffolien, die ineinandergesteckt werden. Ecke und Pannier gewannen einen Preis für ihren Entwurf und der Prototyp wurde in der DDR-Designzeitschrift *Form + Zweck* veröffentlicht, jedoch nie produziert.

In den 2000er-Jahren lief Albrecht Ecke über eine Design-Messe in Frankfurt am Main und

Andrea Pichl: In 1977, Ulrich Müther was invited to design the planetarium in the West German city of Wolfsburg, but as a "concrete specialist" for concrete shell construction, not as an architect. In exchange, the GDR would receive 10,000 VW Golf automobiles from Volkswagen in a compensation deal. During my research, I came across a number of articles in the press, as well as detailed records of his travel to and from West Germany for work meetings. After the opening in 1983, the Wolfsburg press primarily highlighted the Wolfsburg-based interior designers of the planetarium. At that time, I attempted to obtain more detailed information on the transfer of funds and associated conditions from the historical archive of VW, but unfortunately without success. In my work *Proraer Chaussee*, I was concerned first of all with the architecture of Ulrich Müther, here specifically with the construction of a bus stop, on the basis of which he then engaged in static and constructive experiments for larger buildings such as the planetarium.

SB: But that was only part of your contribution. There was also the Clip+Clap ball light, likewise an object from the GDR. Why did you combine these two stories with each other?

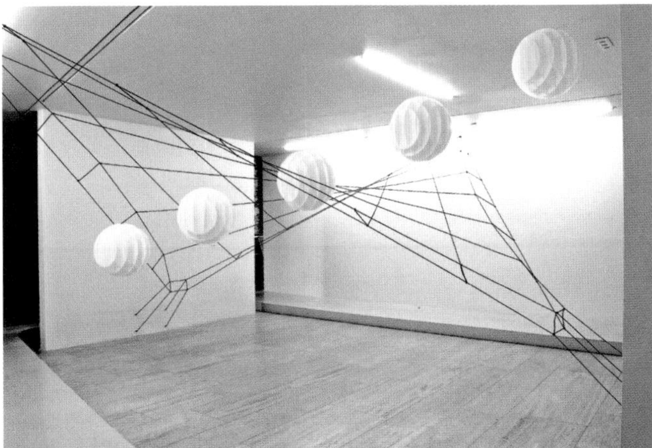

Andrea Pichl, *Proraer Chaussee,* 2009, Maße variabel / dimensions variable, Flechtleine, transluzentes Polypropylen, Archivmaterial / braided rope, translucent polypropylene, archival material, **Ausstellungsansicht /** exhibition view **Kunstverein Wolfsburg, Wolfsburg, 2009**

entdeckte die Rekonstruktion seiner Leuchte auf einem Stand. Da ja zu DDR-Zeiten die Lampe bereits publiziert war, konnte er Urheberrechtsansprüche geltend machen. Späterhin übernahm ein chinesisches Unternehmen das Design, da war er machtlos.

In Wolfsburg habe ich beide Geschichten miteinander verbunden und zusätzlich Dokumente über beide Transfers gezeigt. Gemeinsam ist beiden, dass die Leistung von DDR-Spezialist*innen vom Westen nahezu negiert wurde.

SB: Der Deal mit VW lief damals aber nicht so reibungslos wie geplant. Aufgrund der hohen Preise fanden die Fahrzeuge in der DDR nicht genug Käufer*innen. Erich Honecker schaute sich auch noch bei Mazda in Japan um, was wiederum bei VW nicht gut ankam. Darauf nimmt die DDR den Golf in den Genex-Geschenkedienst auf und in der Folge wird der Golf 2 zum meistverkauften Westauto in der DDR. Das ist dann eine weitere Verbindung zu *Wertewirtschaft*. Hier konzentrierst Du Dich aber auf die Bungalows, die es über Genex zu kaufen gab.

Gabriele Knapstein: Die vier Bungalows in *Wertewirtschaft* sind eine Form von standardisierter Architektur. Dies ist auch ein Hauptthema von Dir. Für die Ausstellung *Architektonika*, die ich 2011 im Hamburger Bahnhof kuratiert habe, hast Du die Installation *Doublebind* entwickelt, die wir schließlich erwerben konnten.

AP: Für *Doublebind* habe ich modellhaft die standardisierten 4-Raum-, 2-Raum- und 1-Raum-Wohnungen der „Wohnungsbauserie 70" im Maßstab 1:2 übereinander gesteckt. Dieses normierte Planverfahren wurde in den 1970er-Jahren in der DDR entwickelt und dort vielfach umgesetzt. Standardisierte Wohnungen oder „Wohnungsbauprogramme" wurden in der DDR entwickelt, um in kürzester Zeit möglichst viel Wohnraum zu schaffen und die 5-Jahrespläne zur volkswirtschaftlichen Entwicklung einzuhalten. Ebenso unterlagen

AP: The Clip+Clap ball light was developed in the GDR by two Berlin designers, Albrecht Ecke and Reinhard Pannier, while they were still students at the Kunstakademie Weißensee [Academy of Art] in Berlin. It consists of nested layers of round sheets of plastic. Ecke and Pannier won a prize for their design and the prototype was published in the GDR design magazine *Form + Zweck* [Form and Function], but the lamp was never manufactured.

In the 2000s, Albrecht Ecke walked through a design fair in Frankfurt am Main and discovered a reconstruction of his lamp on a stand. Since the design for the lamp had already been published in the GDR, he was able to assert his intellectual property rights. Later, a Chinese company acquired the design, and there he was powerless.

In Wolfsburg, I connected the two stories with each other, and also showed documents related to the two transfers. Common to both of them is that the achievements of GDR specialists were essentially nullified by the West.

SB: But back then, the deal with VW didn't go as smoothly as planned. Due to the high cost, there weren't enough buyers for the vehicles in the GDR. Erich Honecker also looked into Mazda in Japan, which didn't sit well with VW. After that, the GDR integrated the Golf into the Genex gift service, and subsequently the Golf 2 became the most-purchased Western car in the GDR. So that's another connection to *Values of Economy*. But here, you're concentrating on the bungalows that could be purchased through Genex.

Gabriele Knapstein: The four bungalow sculptures in *Values of Economy* are a form of standardized architecture. That's also one of your primary themes. For the exhibition *Architektonika*, which I curated at Hamburger Bahnhof in 2011, you developed the installation *Doublebind*, which we were ultimately able to acquire.

AP: For *Doublebind*, I created and superimposed 1:2 scale models of the standardized four-room,

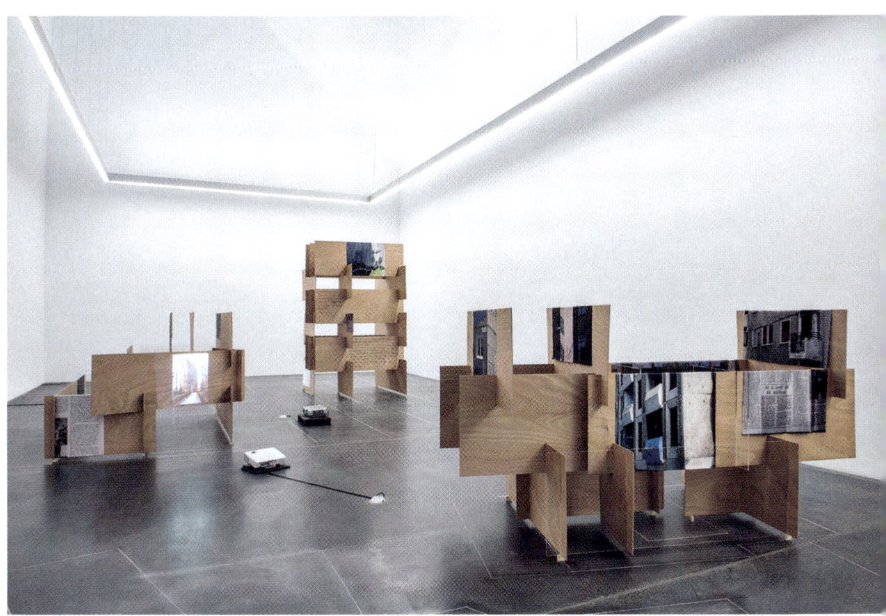

Andrea Pichl, *Unterkunft Freiheit / Accommodation Freedom,* 2014, Maße variabel / dimensions variable, **Spanplatte, bedruckter Satin, Acrylglas** / plywood, printed satin, acrylic glass, **Ausstellungsansicht** / exhibition view **Kunstmuseum Moritzburg, Halle (Saale), 2014–2015**

diese ökonomischen Zwängen. Der DDR-Lyriker und Dramatiker Heiner Müller, der selbst in solch einer Wohnung lebte, nannte sie „Fickzellen mit Fernheizung, Eingeborene des Betons". Aber eben auch international an den Rändern von Städten findet man diese schnell und billig errichteten Gebäude für hauptsächlich die Einkommensschwachen.

GK: Auf diese architektonische Skulptur hast Du fotografische Details von Plattenbaufassaden projiziert, die nicht nur aus der DDR stammen, sondern die Du durchaus vergleichbar in so unterschiedlichen Städten wie Paris, Dublin oder Taschkent gefunden hast.

AP: Mir ist bei den Recherchen zu den Plattenbauten in den aufgezählten Städten aufgefallen, dass die Grundrisse der Wohnungen tatsächlich alle ähnliche Abmessungen besitzen. Deshalb ließen sie sich in späteren Arbeiten wie *Unterkunft Freiheit* (2014/15) im Kunstmuseum Moritzburg oder *Klub Zukunft* (2014) im M HKA in Antwerpen maßstabsgetreu ineinanderstecken.

two-room, and one-room apartments of the "Wohnungsbauserie 70" [housing series 70]. This standardized planning process was developed in the GDR in the 1970s and used on a frequent basis. Standardized apartments or "housing programs" were developed in the GDR to create as much housing as possible within a short time and comply with the five-year plans for economic development. They were also subject to economic pressures. The East German poet and playwright Heiner Müller, who himself lived in one such apartment, called them "Fickzellen mit Fernheizung, Eingeborene des Betons" [cubicles for fucking with district heating, natives of concrete]. But buildings like these, thrown up quickly and cheaply on the outskirts of cities, mainly for low-income tenants, are also found internationally.

GK: On this architectural sculpture, you projected photographic details of prefabricated high-rise façades not only from the GDR, but also comparable ones from such widely differing cities as Paris, Dublin, and Tashkent.

AP: As I was researching prefabricated housing in those cities, it struck me that the apartment

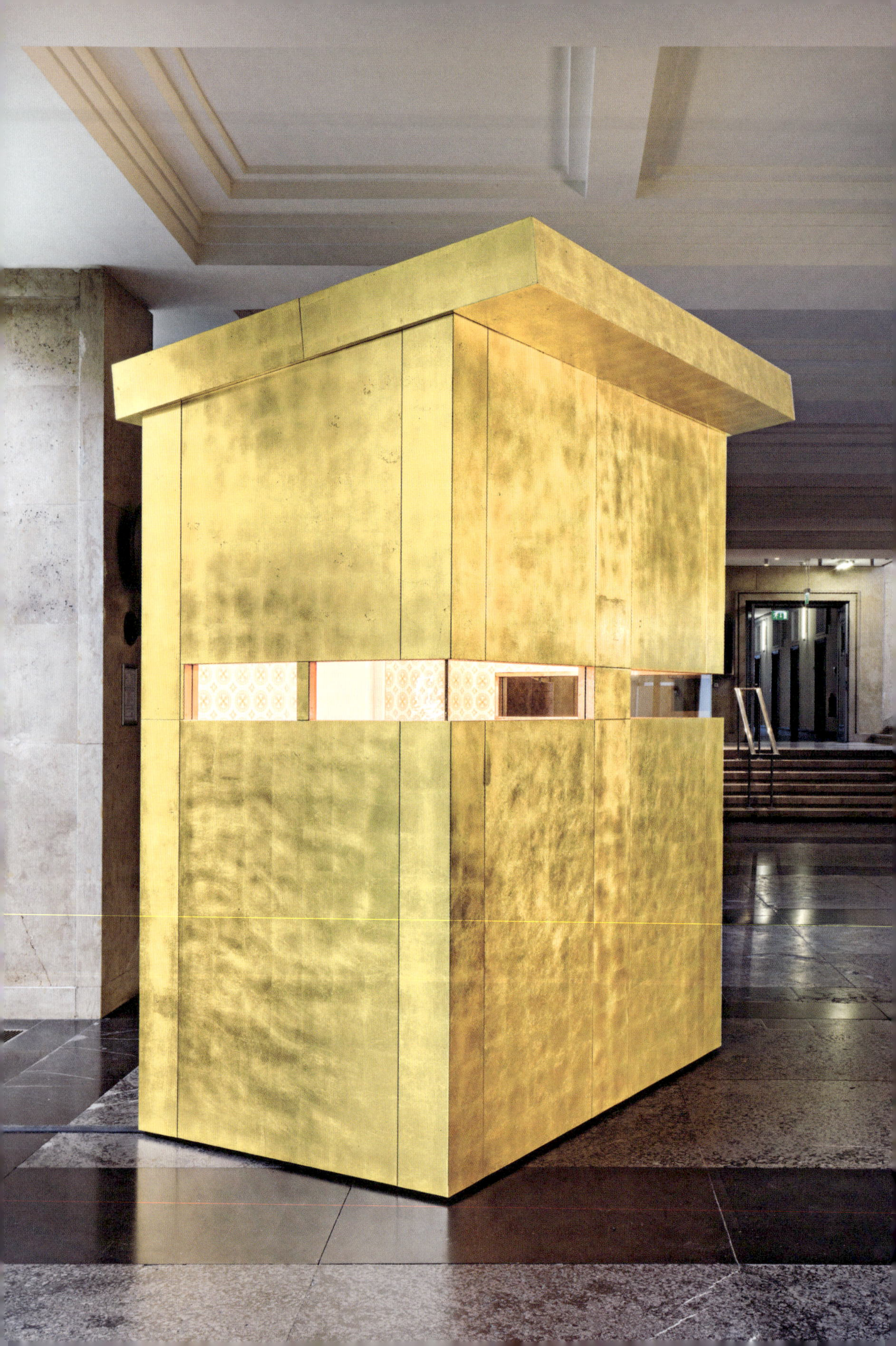

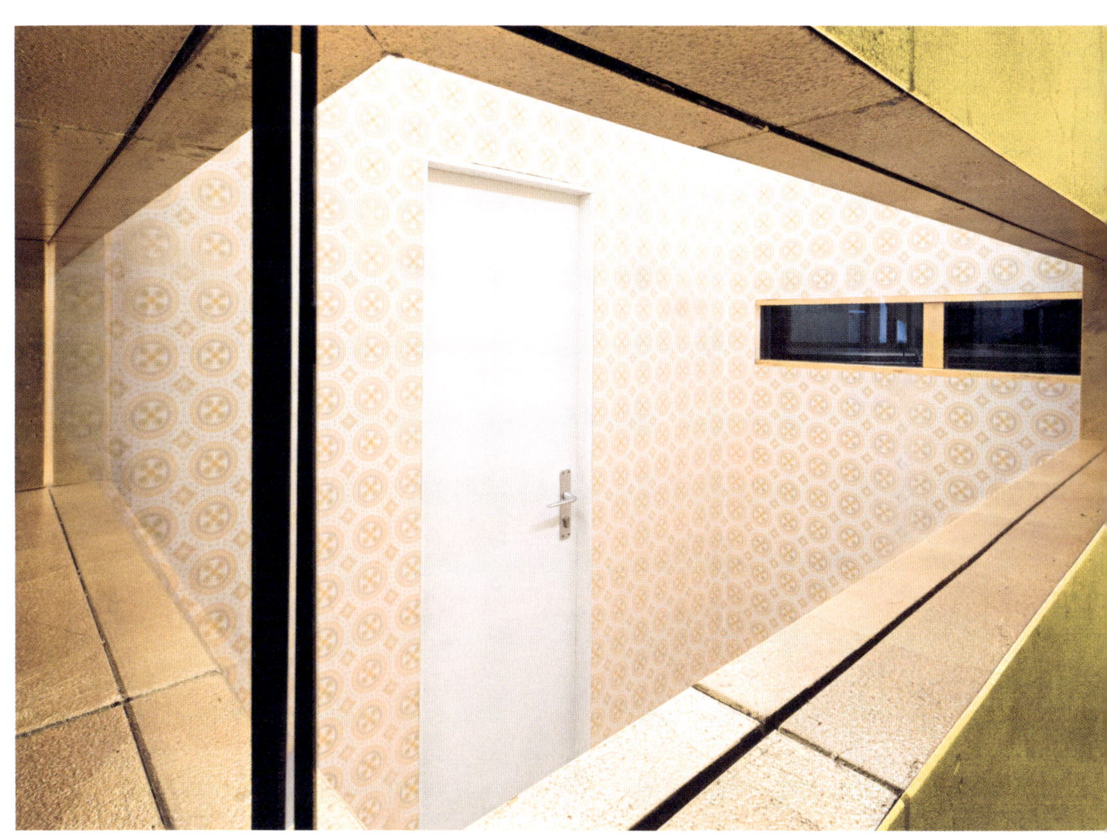

Andrea Pichl, *Palimpsest,* 2024, 286 × 220 × 180 cm, Imi-Beton, Schlagmetall vergoldet, Tapete, Tür, Glas, LED / Imi concrete, gold-plated Schlag leaf, wallpaper, door, glass, LED, Staatliche Museen zu Berlin, Nationalgalerie, Berlin, 2024 Ankauf von / acquired from Andrea Pichl, Installationsansicht / installation view Finanzministerium, Berlin (temporäre Installation / temporary installation)

Die projizierten Fotos in *Doublebind* sind für mich visuelle Notizen. Hier halte ich gestalterische Notlösungen oder individuelle Aneignungen durch die Bewohner*innen dieser standardisierten Komplexe fest.

GK: Ähnliche Fotos zeigst Du auch in einer der Bungalow-Skulpturen in *Wertewirtschaft*.

AP: In den Fotos steht der individuelle Gestaltungswille im Vordergrund. „Das Gewöhnliche und die Folklore" und „die anonyme kommerzielle Architektur" sowie die oft triviale Formensprache der Massenkultur als wichtige Quellen interessieren mich sehr. Die Quellen selbst und die Werte aus den Bereichen der Massenkultur sind mir jedoch weniger wichtig als die Verarbeitung dieser zu

ground plans actually all have similar dimensions. That's why they could be nested inside each other, true to scale, in later works like *Unterkunft Freiheit / Accommodation Freedom* (2014–15) at the Kunstmuseum Moritzburg or *Klub Zukunft* [Club Future] (2014) at M HKA in Antwerp.

For me, the projected photos in *Doublebind* are visual notes. Here I record stopgap design solutions or individual appropriations by the residents of these standardized complexes.

GK: You also show similar photos in one of the bungalow sculptures in *Values of Economy*.

AP: The photos focus on the creative drive of the individual. I am very interested in the "ordinary and folkloric" and in "anonymous commercial architecture," as well as in the often-trivial formal language of mass culture. However, the sources themselves and the values from the realm of mass culture are less important to me than the way in which they are transformed into something new, as Robert Venturi also writes in his book *Learning from Las Vegas* (1972). I am interested in the apparently basic longing of human beings for collective security, for the enjoyment of comforts in the aesthetic sense. Comforts that arise from non-essential things. Things with their supposedly uniquely understandable language, their relationship to each other. And so, to return to Venturi: what is 'functional' is not the architecture of modernism, but rather the trivial and sometimes ugly forms of building that make up the majority of cities and prove their true functionality in practice, day in and day out.

SB: Many of your materials come from home improvement stores. In *Ach.* from 2021, you use discarded fences and doors from front gardens, together with gravel, like in stone landscaping. And then there are geometric solids made of con-

Andrea Pichl, *Klub Zukunft*, 2014, 150 × 350 × 160 cm, Sperrholz, bedruckte Leinwand und Satin, Acrylglas, Spiegel, Projektionen / plywood, printed canvas and satin, acrylic glass, mirrors, projections, Ausstellungsansicht / exhibition view M HKA, Antwerpen / Antwerp, 2014

etwas Neuem, so wie das auch Robert Venturi in seinem Buch *Learning from Las Vegas* (1972) schreibt. Mich interessiert das scheinbar grundsätzliche Verlangen der Menschen nach kollektiver Sicherheit, nach dem Vergnügen an Annehmlichkeiten im ästhetischen Sinne. Annehmlichkeiten, die von Dingen ausgehen, die nicht wesentlich sind. Dinge mit ihrer vermeintlich einzig verständlichen Sprache, ihrer Beziehung zueinander. Und um damit wieder auf Venturi zurückzukommen: Nicht die Bauwerke der Moderne sind ‚funktional‘, sondern gerade die trivialen und mitunter hässlichen Formen des Bauens, die den Großteil der Städte ausmachen und ihre reale Funktionalität tagtäglich in der Praxis unter Beweis stellten.

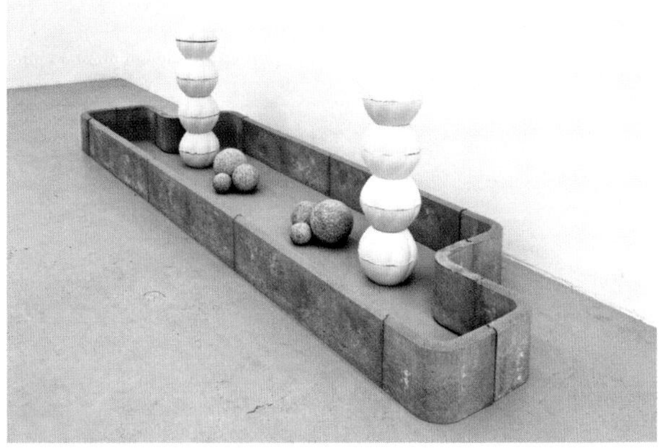

Andrea Pichl, *delirious Dinge*, 2013, 340 × 90 × 90 cm, Gips, Beton / plaster, concrete, **Ausstellungsansicht** / exhibition view KROME Gallery, Berlin, 2013–2014

SB: Viele Deiner Materialien stammen aus dem Baumarkt. In *Ach.* von 2021 verwendest Du ausgemusterte Zäune und Türen von Vorgärten, zusammen mit Kies wie aus einem Steingarten. Dann gibt es noch geometrische Körper aus Beton. In der Arbeit *delirious Dinge II* (2019), deren Titel eine Referenz an einen weiteren Architekturklassiker der Postmoderne enthält – Rem Koolhaas‘ Buch *Delirious New York* (1978) – ist eine Außenarbeit aus ähnlichen Materialien, nur dass sie von einem Bauzaun umgeben sind. Generell nutzt Du Elemente, die Raum markieren oder abgrenzen wie Zäune, Gitter oder Pflanzsteine.

AP: Vor allem benutze ich herkömmliche und überall erhältliche Elemente, die ich zu neuen Räumen anordne, gerne manchmal auch komplett sinnentleert oder absurd. Zuweilen verwende ich für ihre Anordnungen aber auch Grundrisse, die nicht im Geringsten etwas mit den Elementen gemein haben. Zum Beispiel in der ersten Version von *delirious Dinge* den Plan des Alexanderplatzes. Immer geht es auch um das vielleicht persönliche Unbehagen und meine Faszination für wirklich hässliche und überflüssige Dekorationselemente.

crete. In the work *delirious Dinge II* [Delirious Things II] (2019)—whose title alludes to another classic of postmodern architecture, Rem Koolhaas's book *Delirious New York* (1978)—there is an exterior arrangement of similar materials, but surrounded by a construction site fence. In general, you use elements that mark or delimit space, such as fences, grates, or planters.

AP: I primarily use conventional elements that are available everywhere, which I arrange into new spaces, sometimes in a way that is completely absurd or devoid of meaning. But sometimes I arrange them according to ground plans that are entirely unrelated to the elements themselves. For example, for the first version of *delirious Dinge*, I used the plan of Alexanderplatz. The concern is always also a perhaps personal uneasiness and my fascination with truly ugly and superfluous decorative elements. Through exaggeration and defamiliarization, I like to explore the good sense of bad taste.

SB: You also address these aspects in your colored pencil drawings. They, too, are based on photos from the archive, but in this case are consciously recorded situations. You create your drawings in series—that is, you are concerned not so much with the isolated individual motif, but always with its relation to others. In the exhibition, there are drawings from the Stasi headquarters

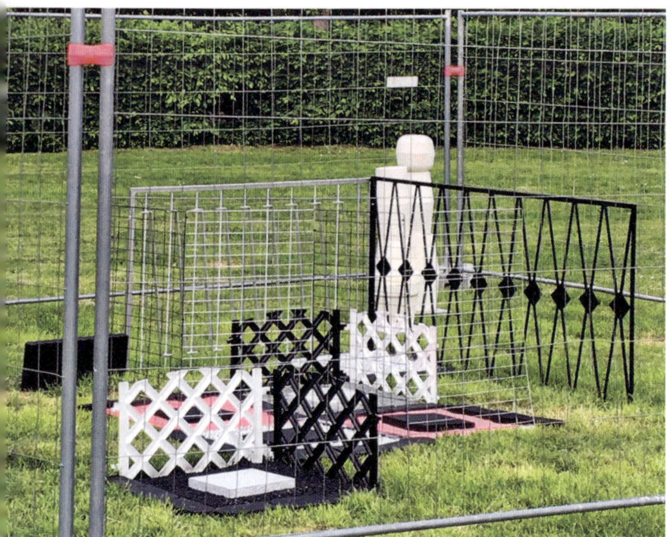

Andrea Pichl, *delirious Dinge II*, 2019, Maße variabel / dimensions variable, **Bauzäune, Zäune, Gehwegplatten, Beton, Kies** / construction fences, fences, pavement slabs, concrete, gravel, **Ausstellungsansicht** / installation view Werkleitz Festival, Dessau, 2019

Mit Übertreibung und Verfremdung widme ich mich gerne dem guten Gefühl für schlechten Geschmack.

SB: Du behandelst diese Aspekte auch in Deinen Buntstiftzeichnungen. Sie basieren ebenfalls auf Fotos aus dem Archiv, sind aber in diesem Falle bewusst registrierte Situationen. Du legst Deine Zeichnungen als Reihen an, d.h., es geht Dir nicht so sehr um das einzelne, hervorgehobene Motiv, sondern es steht immer in Beziehungen zu anderen. In der Ausstellung gibt es Zeichnungen aus der Stasizentrale und von den Häusern der DDR-Regierung in der Waldsiedlung Wandlitz. Wonach suchst Du Deine Motive aus und worum geht es Dir in der manuellen Übertragung von Foto auf Buntstift?

AP: Für die Zeichnungen der einzelnen Serien fotografiere ich bewusst nur Details von Räumen bzw. gestalterischen Vorlieben, im Falle der Stasizeichnungen, der Vorlieben von Erich Mielke und seiner Mitarbeiter*innen. Es geht mir schon um das jeweils einzelne Motiv, das dann aber doch in Ergänzung mit anderen ein Gesamtbild ergibt. Es sind alles jeweils

and from the homes of East German government officials in the *Waldsiedlung* [forest settlement], a residential estate near Wandlitz. What criteria do you use to select your motifs, and what are you aiming for in the manual translation of photography into colored pencil?

AP: For the drawings in the individual series, I intentionally only take photographs of details of spaces or aesthetic preferences—in the case of the Stasi drawings, the preferences of Erich Mielke and his staff. I am interested in each of the individual motifs, but they do result in a bigger picture when combined with others. All of them are very subjective photographs of zoomed-in situations, which then become even more intense through drawing. As do all of the negative feelings and memories associated with them.

GK: In addition to conventional materials, you also use elements that were actually supposed to be discarded. This is especially clear in the architectural sculpture *Kiosk – Fragmente einer Zeit* [Fragments of a Time].

AP: The outdoor sculpture *Kiosk – Fragmente einer Zeit* was created for the reopening of the Kunsthalle Rostock in May 2023. The title reflects the components and form of the sculpture: it's a replica of an East German newspaper kiosk, known as a "PZV" (*Postzeitungsvertrieb*). Almost all of these kiosks have disappeared from the cities, and with them important evidence of the modern architecture of the Eastern bloc—like the Kunsthalle Rostock, undoubtedly the most important new museum built by the GDR. My replica of a kiosk is constructed of remnants and fragments such as window grates (interior and exterior), warehouse grates, and a door to a former ventilation shaft from the Kunsthalle Rostock before its renovation in 2020.

sehr subjektive Aufnahmen herangezoomter Situationen, die dann durch das Zeichnen nochmals intensiver werden. Auch alle damit verbundenen negativen Gefühle und Erinnerungen.

GK: Neben herkömmlichen Materialien verwendest Du auch Elemente, die eigentlich entsorgt werden sollten. Am deutlichsten zeigt sich dies bei der architektonischen Skulptur *Kiosk – Fragmente einer Zeit*.

AP: Die Außenskulptur *Kiosk – Fragmente einer Zeit* wurde zur Wiedereröffnung der Kunsthalle Rostock im Mai 2023 errichtet. Der Titel ergibt sich aus den Bestandteilen und der Form der Skulptur: Es ist ein Nachbau eines Zeitungskiosks aus DDR-Zeiten, genannt PZV (Postzeitungsvertrieb). Diese Kioske sind

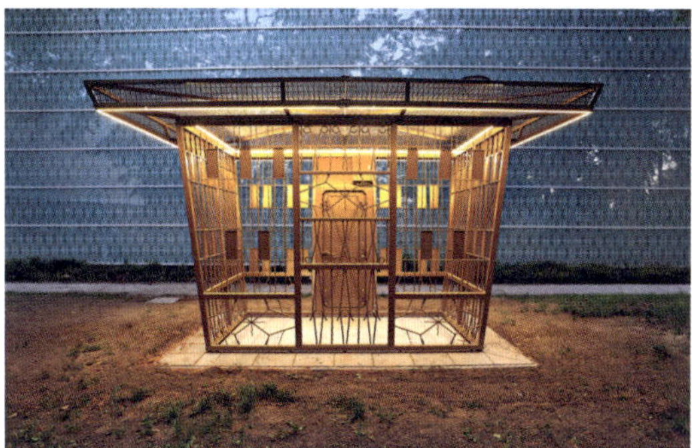

Andrea Pichl, *Kiosk – Fragmente einer Zeit*, 2023, 272,9 × 463,3 × 362,1 cm, Stahl, goldfarben pulverbeschichtet / steel, gold powder coated, **Installationsansicht** / installation view **Kunsthalle Rostock, 2023 (dauerhafte Installation** / permanent installation)

nahezu alle aus dem Stadtbild verschwunden, und mit ihnen auch ein wichtiges Zeugnis der Ost-Moderne, wie es die Kunsthalle Rostock als zweifellos bedeutendster Museumsneubau der DDR auch ist. Die Bestandteile meines nachgebildeten Kiosks sind Reste und Fragmente wie Fenstergitter (innen und außen), Depotgitter und eine Tür zum ehemaligen Lüftungsschacht aus der Kunsthalle Rostock vor ihrer Sanierung 2020.

GK: Ähnlich verfährst Du auch bei *Hoch hinaus* (2023), eine fast vier Meter hohe

GK: You take a similar approach in *Hoch hinaus / High Up* (2023), an almost four-meter-high aluminum sculpture in front of a school in Berlin-Lichtenberg. Here, you're not combining three-dimensional forms, but rather pictorial elements from a mural, which you then translate into a sculpture.

AP: The point of departure for *Hoch hinaus / High Up* was the 1964 mural by Dieter Gantz, executed by Konrad Knebel and Rolf Schubert, entitled *Entwicklung des Flugwesens und der Tiefseeforschung* [Development of Aviation and Deep-Sea Research]. This mural in silicate panels, which at that time was an innovative process, is located on the façade of the annex of the school. The central figure in the mural, Icarus, is flanked by a launching rocket on the left and an airplane flying upward vertically on the right, with a spaceship with two astronauts floating in space in the middle. The mural by Dieter Gantz belongs to the legacy of "architectural art" from the GDR with its cultural and ideological intent. Architectural art in the GDR, with its clear stylistic directives requiring realistic images of humanity and its development, was supposed to propagate socialist society and effectively disseminate political messages to the masses "in the interest of consciousness-raising."

In my sculpture, I took individual pictorial elements from the mural and arranged them as three-dimensional objects on top of each other. The sculpture is also intended as an ironic commentary on the messages of commissioned architectural art in the GDR, which still shapes public space in Berlin and which was once meant to serve as propaganda for the socialist state. At the same time, I was also interested in retelling GDR history with its remarkable, if often controversial, forms of expression.

GK: What do you mean by "retelling GDR history"?

AP: For one thing, I mean seeing events and phenomena in their real and often complex contexts and being interested in that. At the moment, there are certain very widespread appropriations that, I think, lead to a very dangerous

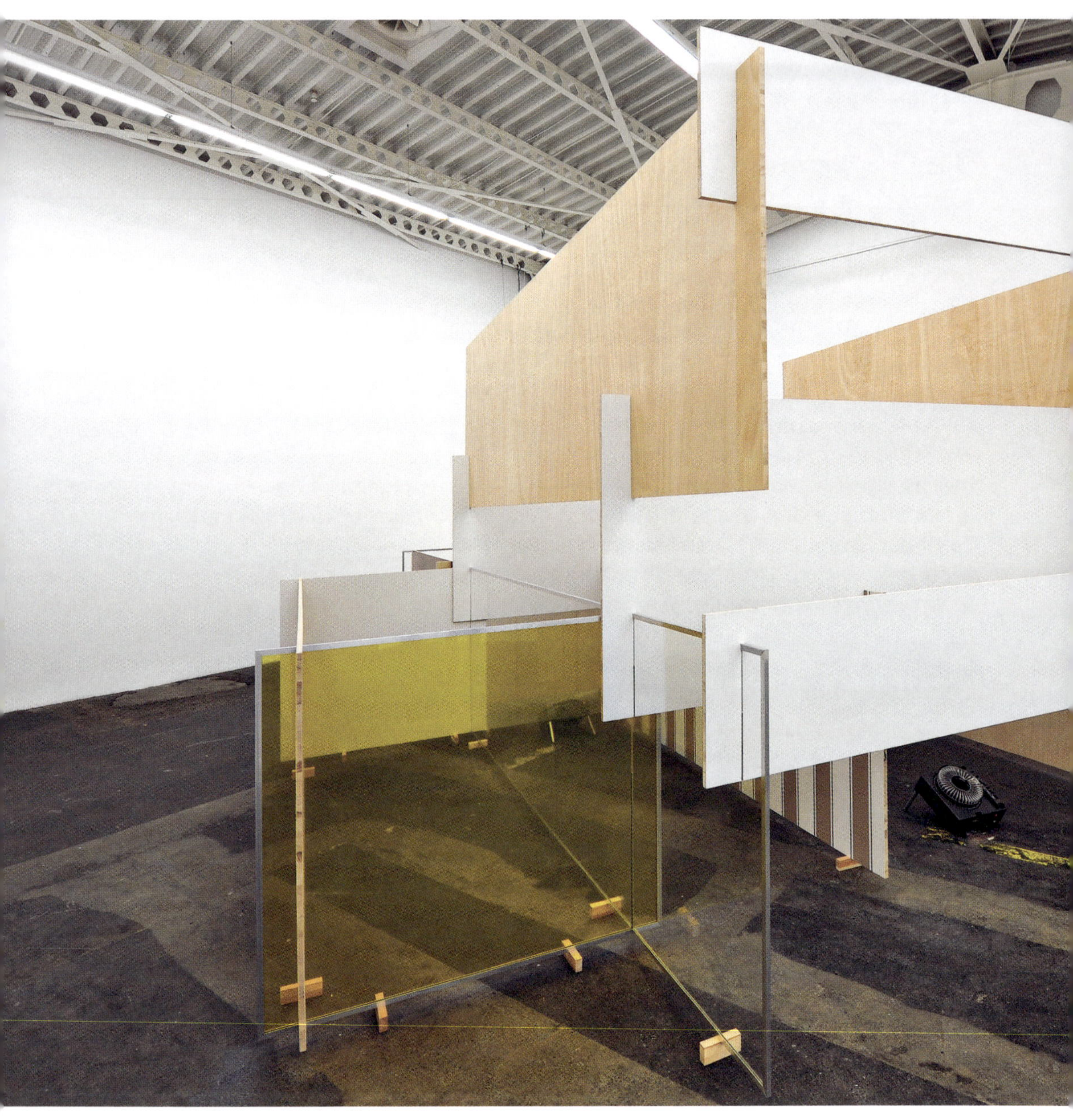

Andrea Pichl, *doublebind,* 2011, 295 × 445 × 680 cm, Tischlerplatten, Acrylglas, Aluminium, Papier, Projektionen / lumber-core plywood, acrylic glass, aluminum, paper, projections, Staatliche Museen zu Berlin, Nationalgalerie, Berlin, 2019 Ankauf von / acquired from Andrea Pichl, Ausstellungsansicht / exhibition view Hamburger Bahnhof – Nationalgalerie der Gegenwart, Berlin, 2011

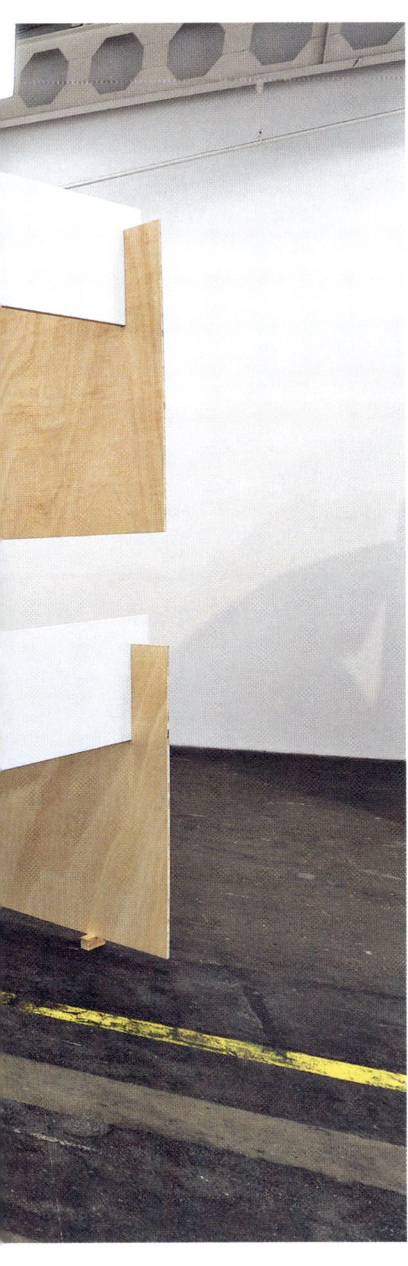

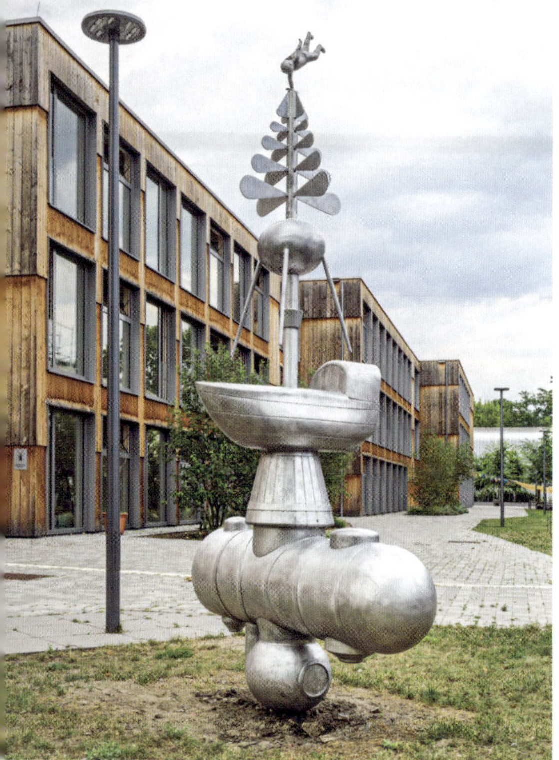

Andrea Pichl, *Hoch hinaus / High Up*, 2023, Höhe / height: ca. 400 cm, Aluminiumguss / cast aluminum, Installationsansicht / installation view 35. Grundschule Berlin, 2023 (dauerhafte Installation / permament installation)

Skulptur aus Aluminium vor einer Schule in Berlin-Lichtenberg. Hier kombinierst Du keine dreidimensionalen Körper miteinander, sondern Bildelemente aus einem Wandbild, die Du dann in eine Skulptur überträgst.

AP: Ausgangspunkt von *Hoch hinaus* war das Wandgemälde von Dieter Gantz, Ausführung Konrad Knebel und Rolf Schubert: *Entwicklung des Flugwesens und der Tiefseeforschung* von 1964. Dieses Wandbild in Silikatplatten, ein zur damaligen Zeit neuartiges Verfahren, befindet sich an der Fassade am Nebengebäude der Schule. Neben Ikarus, der zentralen Figur im Wandbild, ist links eine startende Rakete und rechts ein senkrecht nach oben fliegendes Flugzeug sowie in der Mitte ein Raumschiff mit zwei im Weltraum frei schwebenden Raumfahrer*innen zu sehen. Das Wandgemälde von Dieter Gantz gehört mit zu den Hinterlassenschaften der „baubezogenen Kunst" der DDR mit kulturellem und ideologischem Auftrag. Baubezogene Kunst in der

oversimplification and romanticization of the GDR and its history. The GDR was an indoctrinated state that was trying to create the new socialist man on the basis of Marxism-Leninism. Most people had an inner distance to the state and had to be on guard against it. They had to live with widespread denunciation in a climate of tremendous mistrust among each other. But there were also the fringe groups to which I felt drawn and with whom I spent my time as a young woman, notwithstanding all the Stasi spying. The result was that in the GDR, I was not allowed to study art, after six unsuccessful applications.

SB: The counterpole in your work to the official visual propaganda is the punk movement of the GDR, which you explored in the exhibition *ostPUNK! – Too Much Future* (2005) at the Künstlerhaus Bethanien. There's also the work *weilweilweil* [becausebecausebecause] (2019), a replica of the Palast der Republik [Palace of the Republic] made of cassette tapes of dissident underground bands.

AP: The Palace of the Republic, built between 1973 and 1976 on the site of the former Berlin Palace, housed the government of the GDR with the People's Parliament. At the same time, it also served as a public cultural center with numerous event spaces and restaurants. There were daily events in the Great Hall, the restaurants, the disco in the youth center, the theater, and the Spree Bowling Alley. In 1990, the Palace of the Republic was closed due to emissions from carcinogenic asbestos fibers, and from 2006 to 2008 the building was demolished. In 2019, the Humboldt Forum was opened on the palace square in the reconstructed and, as many people know, very controversial new palace.

The work *weilweilweil* is a replica of the Palace of the Republic on a scale of 1:10, made of self-produced cassette covers (Heinz Havemeister Archive) from GDR underground bands. Since I, like many others, considered the Palace of the Republic a despicable amusement venue for conformist citizens of the GDR, I avoided going there. From beneath the sculpture,

DDR sollte mit klaren Stilvorgaben realistischer Abbilder des Menschen und seiner Entwicklung die sozialistische Gesellschaft propagieren und politische Inhalte „im Interesse der Bewusstseinsformung" massenwirksam verbreiten.

In meiner Skulptur nahm ich einzelne Bildelemente aus dem Wandgemälde auf und ordnete diese als dreidimensionale Objekte übereinander an. Die Skulptur versteht sich auch als ironischer Kommentar zu den Botschaften der baubezogenen Auftragskunst in der DDR, die nach wie vor Berlins öffentlichen Raum prägen und die einst die Ziele des sozialistischen Staates propagandistisch bedienen sollten. Gleichzeitig war mein Anliegen, DDR-Geschichte mit ihren inzwischen beachtenswerten, wenn auch oft kontroversen Ausdrucksformen weiterzuerzählen.

GK: Was meinst Du mit Weitererzählen der DDR-Geschichte?

AP: Zum einen meine ich, Vorgänge und Erscheinungen in ihren wirklichen und oftmals komplexen Zusammenhängen zu sehen und das Interesse dafür zu haben. Sehr verbreitet sind momentan Aneignungen, die zu einer, wie ich finde, brandgefährlichen Vereinfachung und Verklärung der DDR und ihrer Geschichte führen. Die DDR war ein indoktrinärer Staat, der auf Grundlage des Marxismus-Leninismus

several seconds of soundtrack played from the party-line speech given by the exemplary athlete Katarina Witt in the assembly hall of the People's Parliament in 1986.

SB: The title *weilweilweil* comes from a song by the band Einstürzende Neubauten. Some of your other works are titled *Keine Atempause, Geschichte wird gemacht* [Don't Stop for Breath, History's Being Made]— a line from the song "Ein Jahr (Es geht voran)" [A Year (It's Progressing)] by the Düsseldorf New Wave band Fehlfarben— or *Für immer and immer / For Ever and Ever* from the German version of the David Bowie classic "Heroes" by Renft. The title of the installation *Wessen Morgen ist der Morgen? Wessen Welt ist die Welt?* [Whose tomorrow is tomorrow? Whose world is the world?] comes from "Solidarity Song" by Bertolt Brecht. Why these musical references?

AP: In 2017, I used the line *Keine Atempause, Geschichte wird gemacht* from Fehlfarben for the title of my installation at the Kunstverein on Rosa-Luxemburg-Platz, which dealt with the history of the Palace of the Soviets and the unrealized design by Hans Poelzig, who was also the architect of the Rosa-Luxemburg-Platz, except for the Volksbühne. In 2010, I used the title *Für immer and immer* from the band Renft, who

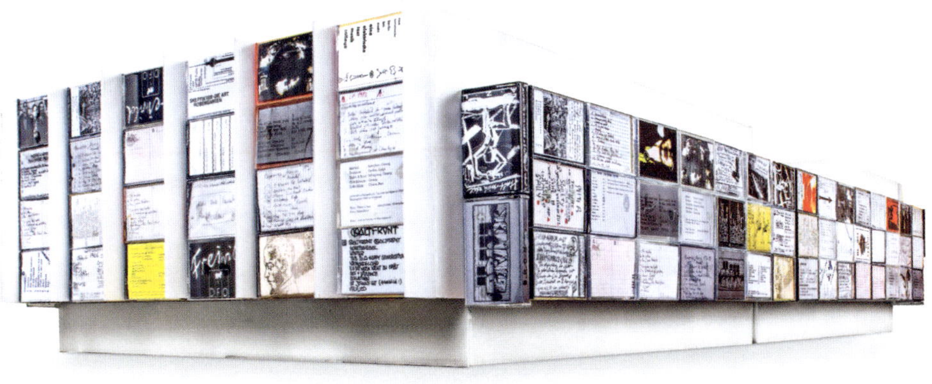

Andrea Pichl, *weilweilweil,* 2019, Kassettencover, Ton / tape covers, sound

den neuen sozialistischen Menschen schaffen wollte. Die meisten Menschen hatten eine innere Distanz zum Staat und mussten auf der Hut vor ihm sein. Sie mussten eine große Denunziationsbereitschaft erleben in einem Klima eines großen Misstrauens untereinander. Aber es gab auch die Randgruppen, zu denen ich mich hingezogen fühlte und mit denen ich meine Zeit als junge Frau verbrachte, ungeachtet aller Stasi-Schnüffeleien. Daraus folgte, dass es mir zu DDR-Zeiten nicht erlaubt war, Kunst zu studieren, nach sechs erfolglosen Bewerbungen.

SB: Der Gegenpol zur offiziellen Bildpropaganda ist in Deinem Werk die Punk-Bewegung der DDR, mit der Du Dich etwa in der Ausstellung *ostPUNK! – Too Much Future* (2005) im Künstlerhaus Bethanien auseinandergesetzt hast. Außerdem gibt es die Arbeit *weilweilweil* (2019), den Nachbau des Palastes der Republik mit Kassetten aus dem dissidenten Magnetbanduntergrund.

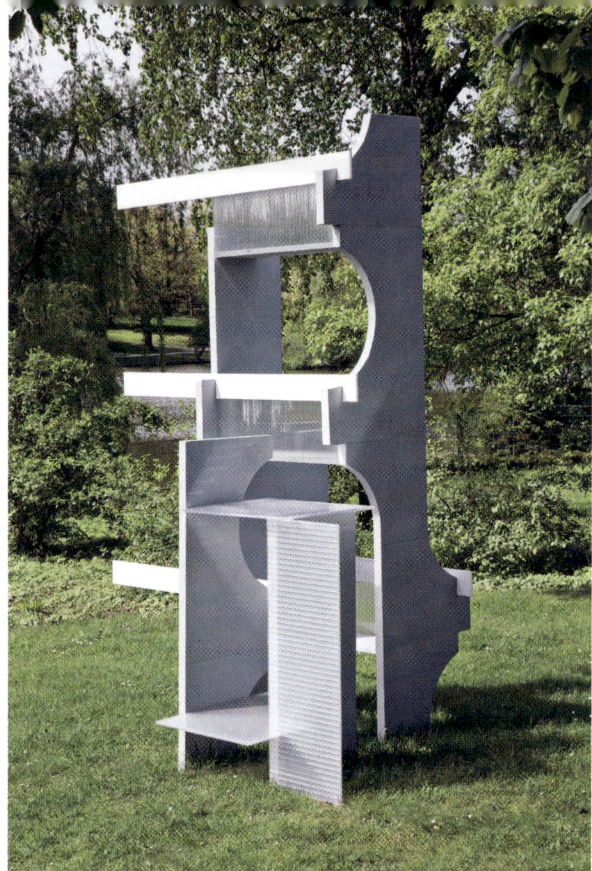

Andrea Pichl, *Für immer und immer / For Ever and Ever,* 2010, 360 × 180 × 130 cm, Tischlerplatte, Hausfarbe, Plastikplatten / lumber-core plywood, house paint, plastic boards, **Installationsansicht** / installation view **Mies van der Rohe Haus, Berlin (temporäre Skulptur** / temporary sculpture)

AP: Errichtet zwischen 1973 und 1976 auf dem Gelände des ehemaligen Berliner Stadtschlosses, war der Palast der Republik das Regierungsgebäude der DDR mit dem Sitz der Volkskammer und zugleich öffentliches Kulturhaus mit einer Vielzahl von Veranstaltungsräumen und gastronomischen Angeboten. Täglich fanden hier Events im Großen Saal, den Restaurants, der Disko im Jugendtreff, dem Theater und dem Spreebowling statt. 1990 wurde der Palast der Republik wegen Emission krebserregender Asbestfasern geschlossen, von 2006 bis 2008 wurde das Bauwerk abgerissen. 2019 wurde auf dem Schlossplatz das Humboldt Forum im neu errichteten und wie viele wissen sehr kontrovers diskutierten Stadtschloss eröffnet.

weilweilweil ist eine Nachbildung des Palasts der Republik im Maßstab 1:10 aus selbst gefertigten Kassettencovern (Archiv Heinz

for a time were forbidden to perform in the GDR, for an outdoor sculpture at the Mies van der Rohe Haus in Alt-Hohenschönhausen; based on the model of the Rostock *Plattenbau* [prefabricated building], the sculpture echoes the interior dimensions, eaves height, and tripartite windows of the Haus Lemke by Mies van der Rohe. In 2023, I used the quotation "Wessen Morgen ist der Morgen? Wessen Welt ist die Welt?" from Bertolt Brecht's "Solidarity Song" for the installation on the grounds of the Uferhallen, whose existence as a studio and art venue was precarious at the time. On construction plans, I showed my own photos of demolished GDR buildings or current white elephants from the GDR era. Another quotation from Brecht's "Solidarity Song" served as the title for the exhibition I curated at Kunstraum Kreuzberg in 2022: *Worin unsere Stärke besteht – 50 Künstlerinnen aus der DDR* [Where Our Strength Lies – 50 Women Artists from the GDR].

Havemeister) des DDR Underground. Da mir, wie vielen anderen auch, der Palast der Republik als verachtungswürdige Vergnügungsstätte angepasster DDR-Bürger*innen galt, vermied ich Besuche dahin. Unter der Skulptur lagen einige Sekunden Sound aus der systemkonformen Rede der Mustersportlerin Katarina Witt im Plenarsaal der Volkskammer von 1986.

SB: Der Titel *weilweilweil* stammt von den Einstürzenden Neubauten. Andere Deiner Arbeiten heißen *Keine Atempause, Geschichte wird gemacht* – eine Zeile aus dem Lied „Ein Jahr (Es geht voran)" der Düsseldorfer New-Wave-Band Fehlfarben oder *Für immer und immer* nach der deutschen Bearbeitung von Renft des David Bowie-Klassikers „Heroes". Der Titel der Installation *Wessen Morgen ist der Morgen? Wessen Welt ist die Welt?* bezieht sich auf das Solidaritätslied von Bertolt Brecht. Warum diese musikalischen Referenzen?

AP: Den Titel *Keine Atempause, Geschichte wird gemacht* von Fehlfarben verwendete ich 2017 für meine Installation im Kunstverein am Rosa-Luxemburg-Platz, die sich der Geschichte des Palasts der Sowjets und dem nicht realisierten Entwurf Hans Poelzigs widmete, der auch der Architekt des Rosa-Luxemburgs-Platzes war, ausgenommen der Volksbühne. Den Titel *Für immer und immer* der in der DDR zeitweise mit Auftrittsverbot belegten Band Renft nutzte ich 2010 für eine Außenraumskulptur am Mies van der Rohe Haus in Alt-Hohenschönhausen, die anhand des Rostocker Plattenmodells die Innenmaße und die Traufhöhe sowie die Dreiteilung der Fenster des Hauses Lemke von Mies van der Rohe aufnimmt. Das Zitat „Wessen Morgen ist der Morgen? Wessen Welt ist die Welt?" aus dem Solidaritätslied von Bertolt Brecht widmete ich 2023 der Installation auf dem Gelände der Uferhallen, deren Existenz als Atelier- und Kunststandort zu dem Zeitpunkt prekär war. Ich zeigte auf Bauplanen eigene Fotos von abgerissenen DDR-Architekturen oder aktuellen Investruinen aus der DDR-Zeit. Für die von mir 2022 kuratierte Aus-

GK: In *Worin unsere Stärke besteht*, the concern was to lend visibility to living women artists who were born in the GDR. The show was very well received, which demonstrates how important this theme is and what a gap the exhibition filled. I always interpreted it as an activist, feminist project, too.

AP: When the idea for a work or a project exists, I look for a title that corresponds in a meaningful way, that not only serves as a description, but can add a layer of meaning and expand the horizon.

SB: The Palace of the Republic no longer exists, but was overwritten by the new Berlin Palace, just as the Hohenzollern palace was previously overwritten by the Palace of the Republic. While many GDR buildings, such as the Ahornblatt [maple leaf] restaurant by Ulrich Müther, were torn down, other historical structures still exist, like the former Reichsluftfahrtministerium [Ministry of Aviation] of Hermann Göring. Today, it's the headquarters of the Ministry of Finance. In 1992 it was actually supposed to be demolished, but then they decided against it, for political-commemorative reasons, but also because a new building would have been more expensive than a renovation. You designed your work *Palimpsest* as a site-specific sculpture dealing with the history of the Detlev-Rohwedder-Haus, the Ministry of Finance, a sculpture that explores the overwriting of history.

AP: The Detlev-Rohwedder-Haus reflects the history of Germany since the Nazi era. It was built as the Reichsluftfahrtministerium in 1935–36, and the Wannsee Conference was planned there. In 1949, it became the site of the founding of the GDR and subsequently the center of state power where multiple ministries were housed. In 1953, the workers' uprising took place on Leipziger Straße. In the banquet hall of the building in 1961, Walter Ulbricht declared: "No one has any intention of erecting a wall." The Wall then ran directly in front of the building. The nearby Potsdamer Platz was a ghost station. After the opening

stellung im Kunstraum Kreuzberg verwendete ich als Titel ebenfalls ein Zitat aus dem Brecht'schen Solidaritätslied: „Worin unsere Stärke besteht – 50 Künstlerinnen aus der DDR".

GK: In „Worin unsere Stärke besteht" ging es um die Sichtbarkeit von damals lebenden Künstlerinnen, die in der DDR geboren sind. Die Präsentation hat eine große Resonanz hervorgerufen, was zeigt, wie wichtig dieses Thema ist und welche Lücke die Ausstellung gefüllt hat. Ich habe sie immer auch als ein aktivistisches, feministisches Projekt verstanden.

AP: Wenn die Idee einer Arbeit oder eines Projektes steht, suche ich nach einer sinnvollen Entsprechung im Titel, die dann nicht nur beschreibend wirkt, sondern diese um eine Ebene und den Horizont jeweils erweitern kann.

SB: Der Palast der Republik steht nicht mehr, sondern wurde mit dem Neubau des Berliner Stadtschlosses überschrieben, so wie der Palast der Republik zuvor das Hohenzollernschloss überschrieben hat. Während viele DDR-Bauten wie die Großgaststätte Ahornblatt, die von Ulrich Müther errichtet wurde, abgerissen wurden, steht etwa das ehemalige Reichsluftfahrtministerium von Hermann Göring noch. Es ist heute Dienstsitz des Finanzministeriums. 1992 sollte das Gebäude eigentlich abgerissen werden, dann entschied man sich dagegen, aus erinnerungspolitischen Gründen, aber auch, weil ein Neubau teurer als eine Sanierung wäre. Als ortsspezifische Skulptur zur Geschichte des Detlev-Rohwedder-Hauses, dem Finanzministerium, hast Du *Palimpsest* entworfen, eine Skulptur, in der es um die Überschreibung von Geschichte geht.

AP: Im Detlev-Rohwedder-Haus spiegelt sich die deutsche Geschichte seit der Nazi-Zeit wider. Errichtet 1935/36 als Reichsluftfahrtministerium, wurde hier die Wannseekonferenz

of the Wall, the structure housed the Treuhandanstalt [Trust Agency] charged with privatizing the state property of the GDR. During the GDR era, the Nazi symbols were replaced by the hammer and sickle, until these too disappeared.

GK: How did you translate the continual overwriting of history in this location into the sculpture?

AP: In this case, I developed a rectangular structure with a sloping roof and observation slits on three sides at eye level. Light shines out from the slits, as if there were someone inside, while the openings also afford a view into the interior of the structure, which is decorated with GDR-fabricated patterned wallpaper. On the back, a door from a prefabricated apartment is installed. The walls of the object are made of gold-colored concrete.

The basic structure alludes to such things as the concept of the *Behelfsheime* [shelters], which also play a role in *Values of Economy*. The slits in the walls are reminiscent of the border control booths in the ghost stations. The gold-colored concrete façade, in turn, makes reference to the so-called concrete gold in the Treuhandanstalt's privatization of industry and real estate from the former state property of the GDR.

geplant. 1949 wurde in dem Gebäude die DDR
gegründet, in der Folge war es als Haus der
Ministerien deren Machtzentrale. 1953 fand an
der Leipziger Straße der Arbeiteraufstand statt.
1961 erklärte Walter Ulbricht im Festsaal des
Hauses: „Niemand hat die Absicht, eine Mauer
zu errichten." Die Mauer verlief dann direkt
vor dem Gebäude. Der in der Nähe gelegene
Potsdamer Platz war ein Geisterbahnhof.
Nach der Maueröffnung beherbergte das Haus
die Treuhandanstalt, die die Privatisierung des
Eigentums der DDR vollzog. Nazi-Symbole
wurden zu DDR-Zeiten durch die Symbole
Hammer und Sichel ersetzt, bis auch diese
wieder verschwanden.

GK: Wie hast Du dieses stän-
dige Überschreiben von Geschichte an diesem Ort in der
Skulptur umgesetzt?

AP: In diesem Fall habe ich einen
rechteckigen Baukörper mit
einer Dachschräge entwickelt, in
den auf Augenhöhe auf drei Sei-
ten Sehschlitze eingefügt sind.
Hieraus strahlt Licht nach Außen,
als hielte sich darin jemand auf;
zugleich bieten die Öffnungen
einen Blick in das Innere der Struk-
tur, wo eine gemusterte Tapete
aus DDR-Fabrikation angebracht
ist. Rückseitig ist in den Quader
eine Tür aus einer Plattenbau-
wohnung eingebaut. Die Wände
des Objekts bestehen aus gold-
farbenem Beton.

Die schlichte Konstruktion bezieht sich
etwa auf das Konzept der Behelfsheime, die
auch in *Wertewirtschaft* eine Rolle spielen.
Die Schlitze in den Wänden erinnern an die
Grenzschutzverschläge in den Geisterbahn-
höfen. Die goldfarbene Betonfassade wiederum verweist auf das sogenannte Betongold
im Zuge der Privatisierung von Industrie und
Immobilien aus dem ehemaligen Volkseigen-
tum der DDR durch die Treuhandanstalt.

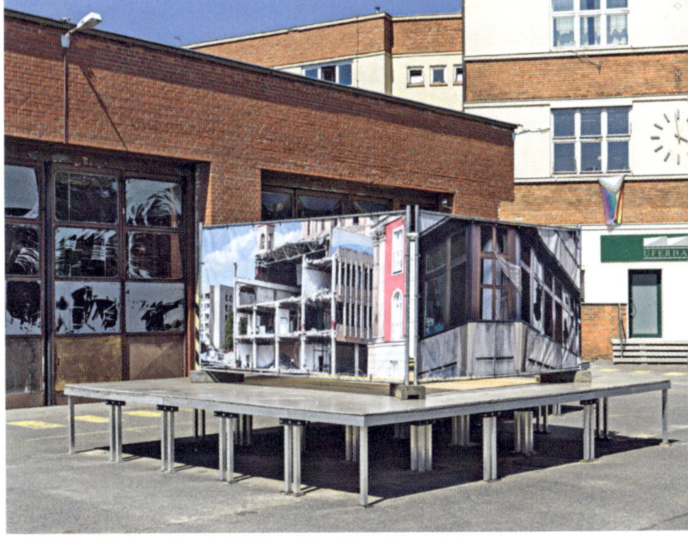

Andrea Pichl, *Wessen Morgen ist der Morgen? Wessen Welt ist die Welt?*,
2023, 200 × 350 × 350 cm, Bauzaun, bedruckte Bauplane / construction
site fence, printed tarpaulin, **Installationsansicht** / installation view
Uferhallen Berlin, 2023

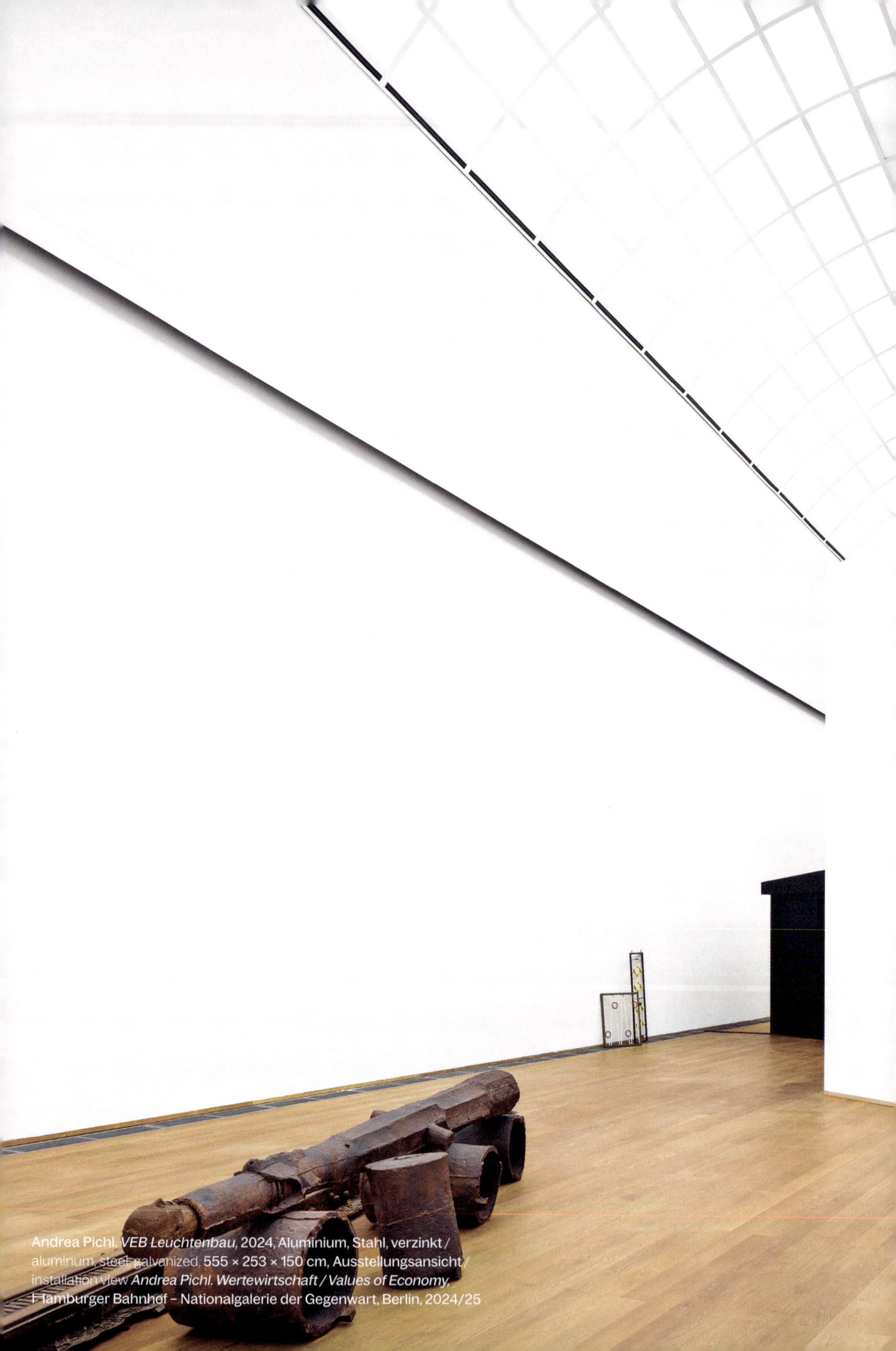

Andrea Pichl, *VEB Leuchtenbau*, 2024, Aluminium, Stahl, verzinkt /
aluminum, steel galvanized, 555 × 253 × 150 cm, Ausstellungsansicht /
installation view *Andrea Pichl. Wertewirtschaft / Values of Economy*,
Hamburger Bahnhof – Nationalgalerie der Gegenwart, Berlin, 2024/25

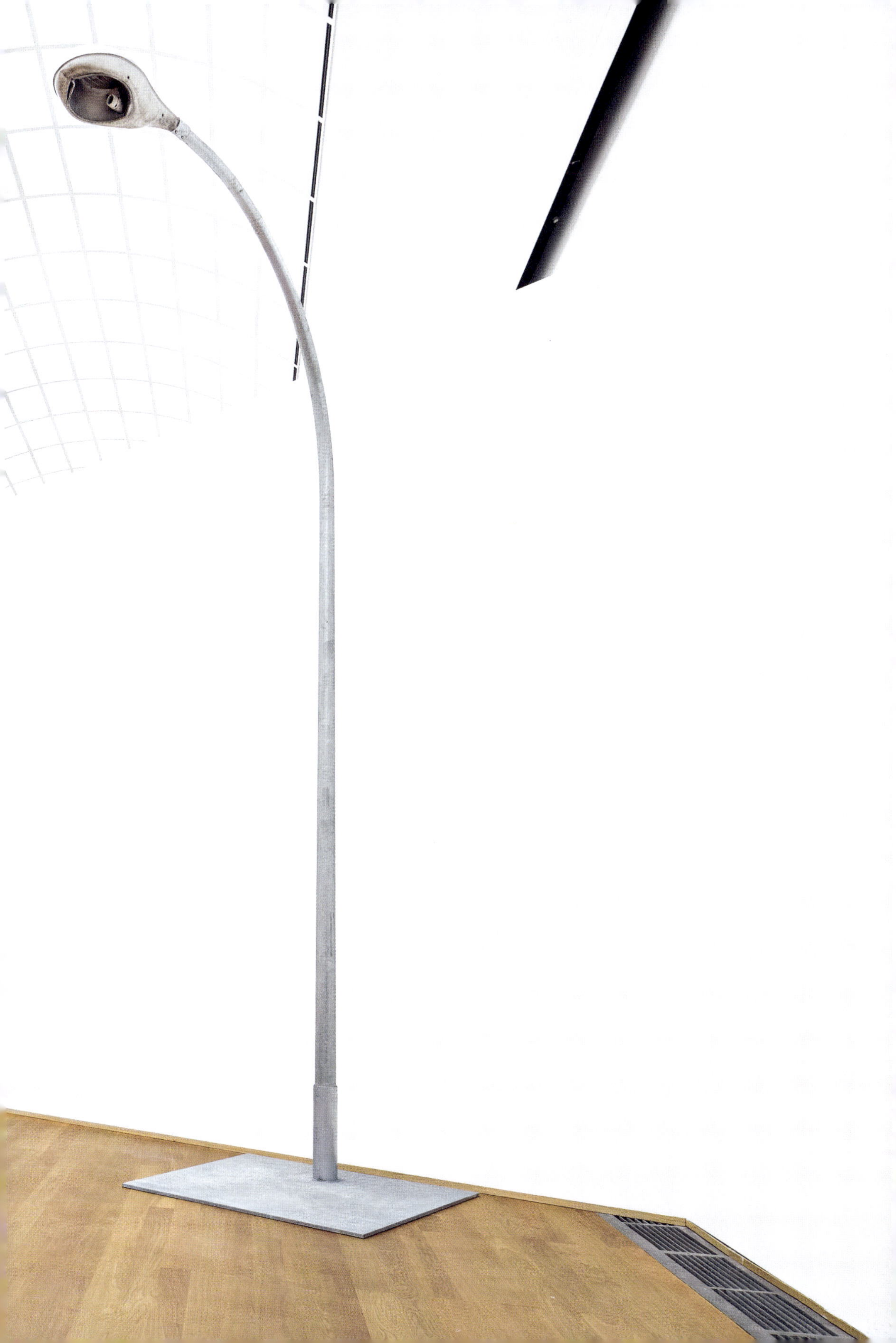

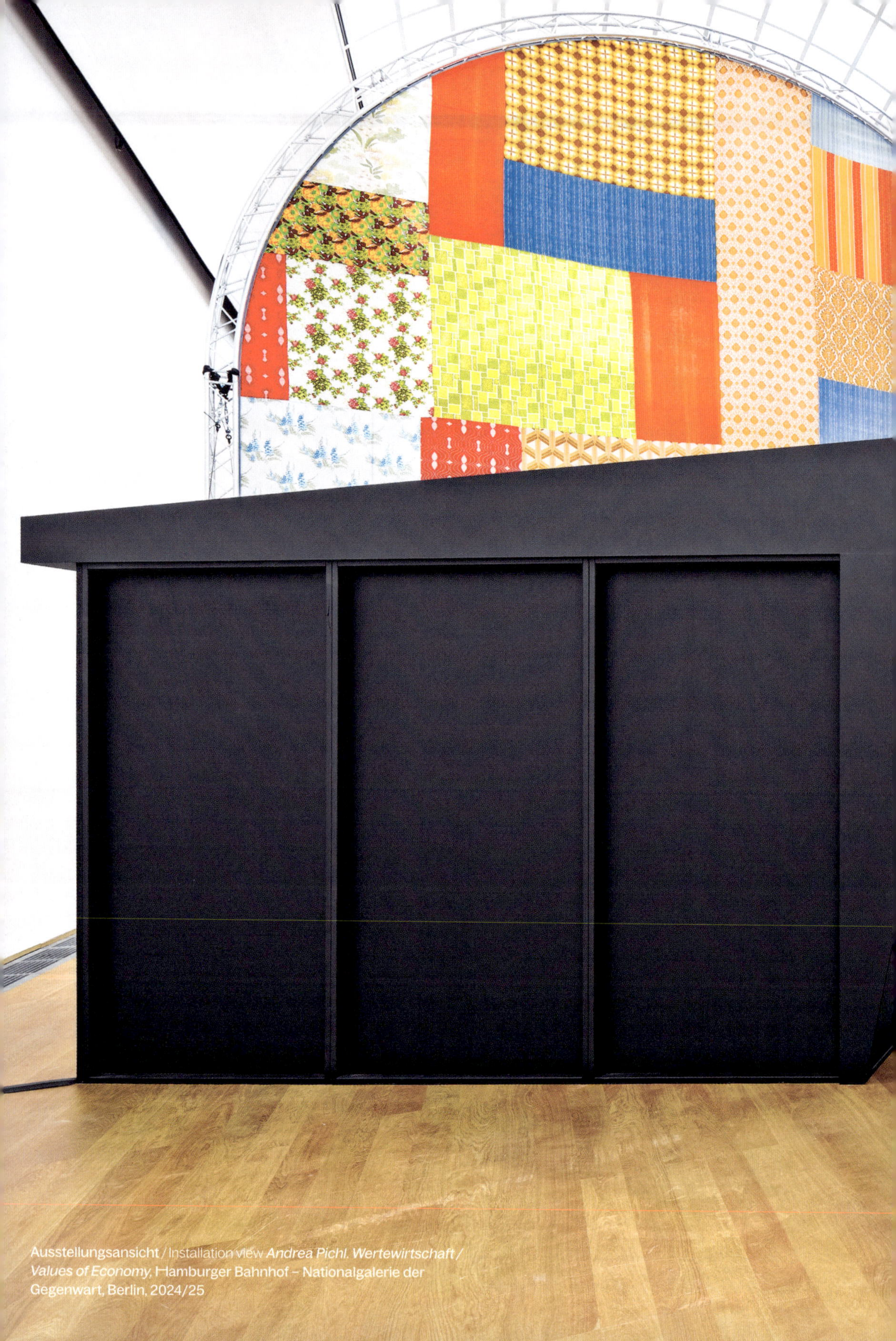

Ausstellungsansicht / Installation view *Andrea Pichl. Wertewirtschaft / Values of Economy*, Hamburger Bahnhof – Nationalgalerie der Gegenwart, Berlin, 2024/25

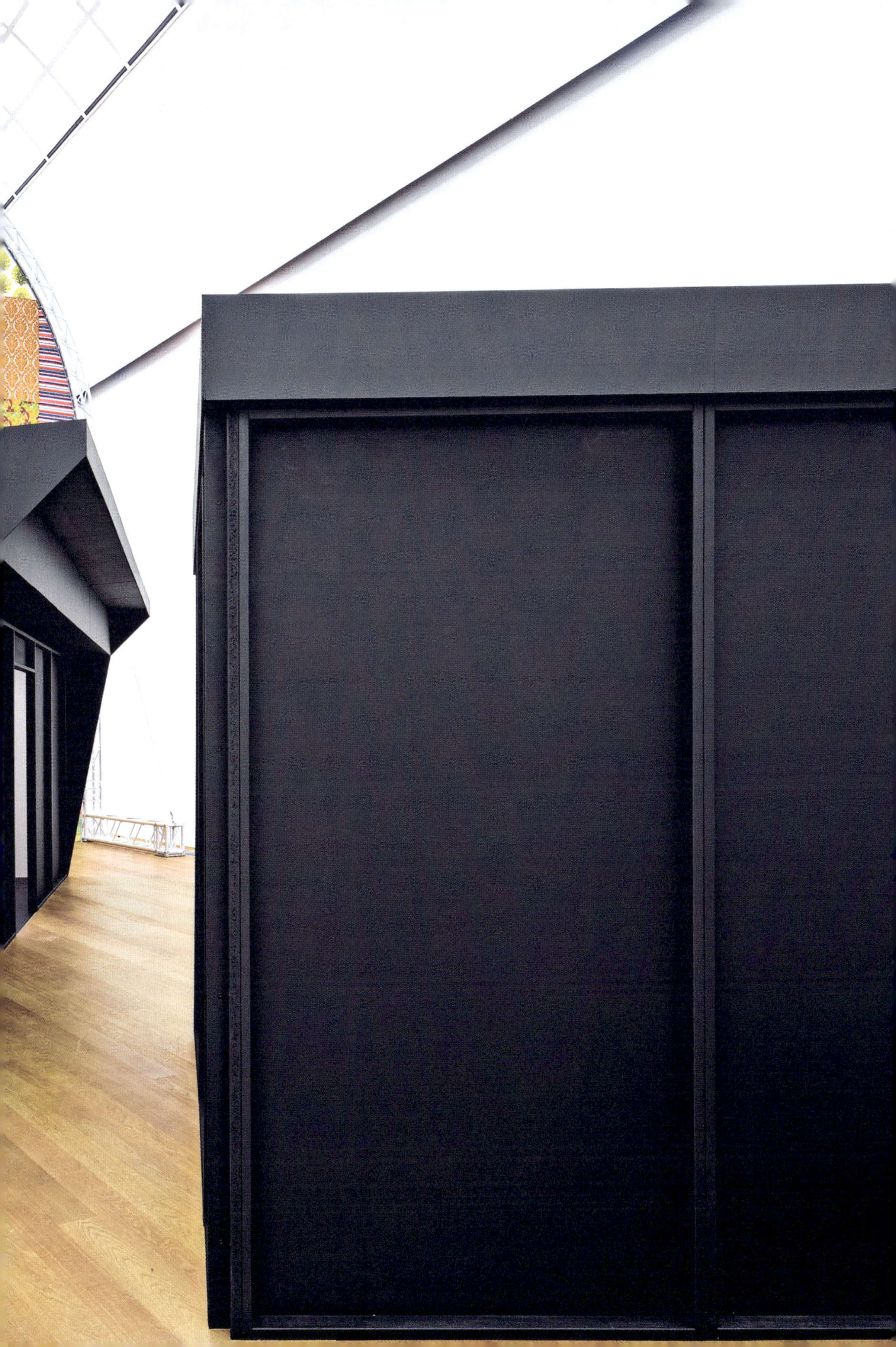

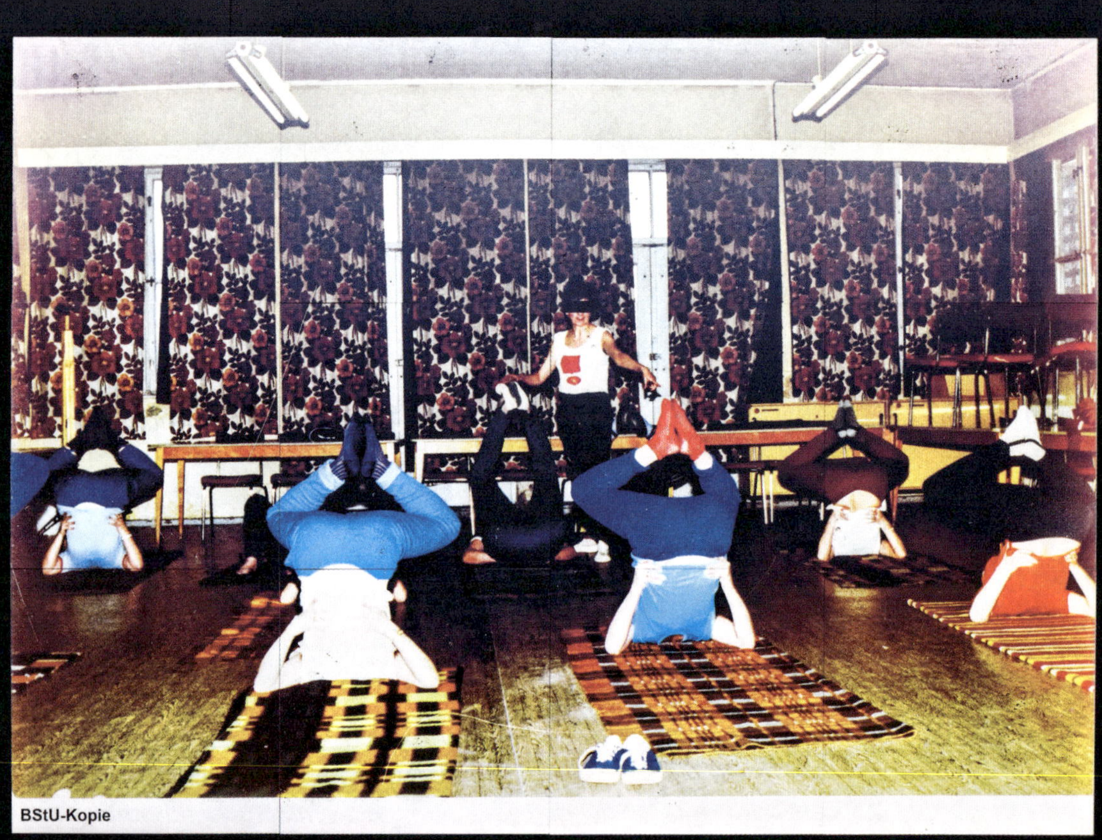

Andrea Pichl, *Die Staatssicherheit der DDR / The State Security of the GDR*, 2024,
digitaler Direktdruck auf imi-Beton / digital direct print on imi concrete, 145 × 200 × 2 cm,
Ausstellungsansicht / installation view *Andrea Pichl. Wertewirtschaft / Values of Economy*,
Hamburger Bahnhof – Nationalgalerie der Gegenwart, Berlin, 2024/25

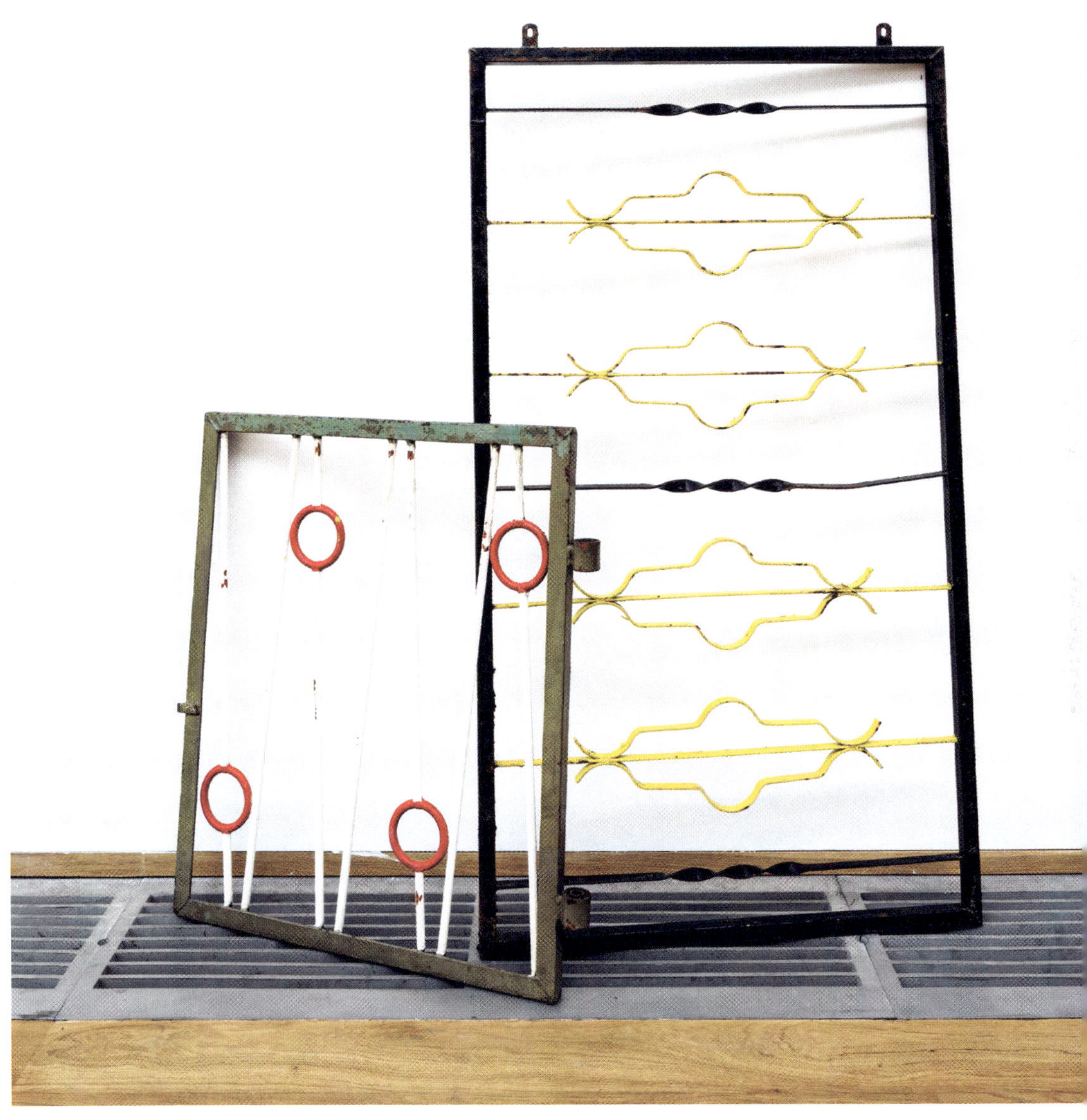

Andrea Pichl, *Labile Balance / Unstable Balance,* 2014, 4 gebrauchte Zäune, Metall, lackiert, teilweise verrostet / 4 used fences, metal, lacquered, partially rusted, 66 × 82 cm & 80 × 149 cm, Detail, Ausstellungsansicht / installation view *Andrea Pichl. Wertewirtschaft / Values of Economy,* Hamburger Bahnhof – Nationalgalerie der Gegenwart, Berlin, 2024/25

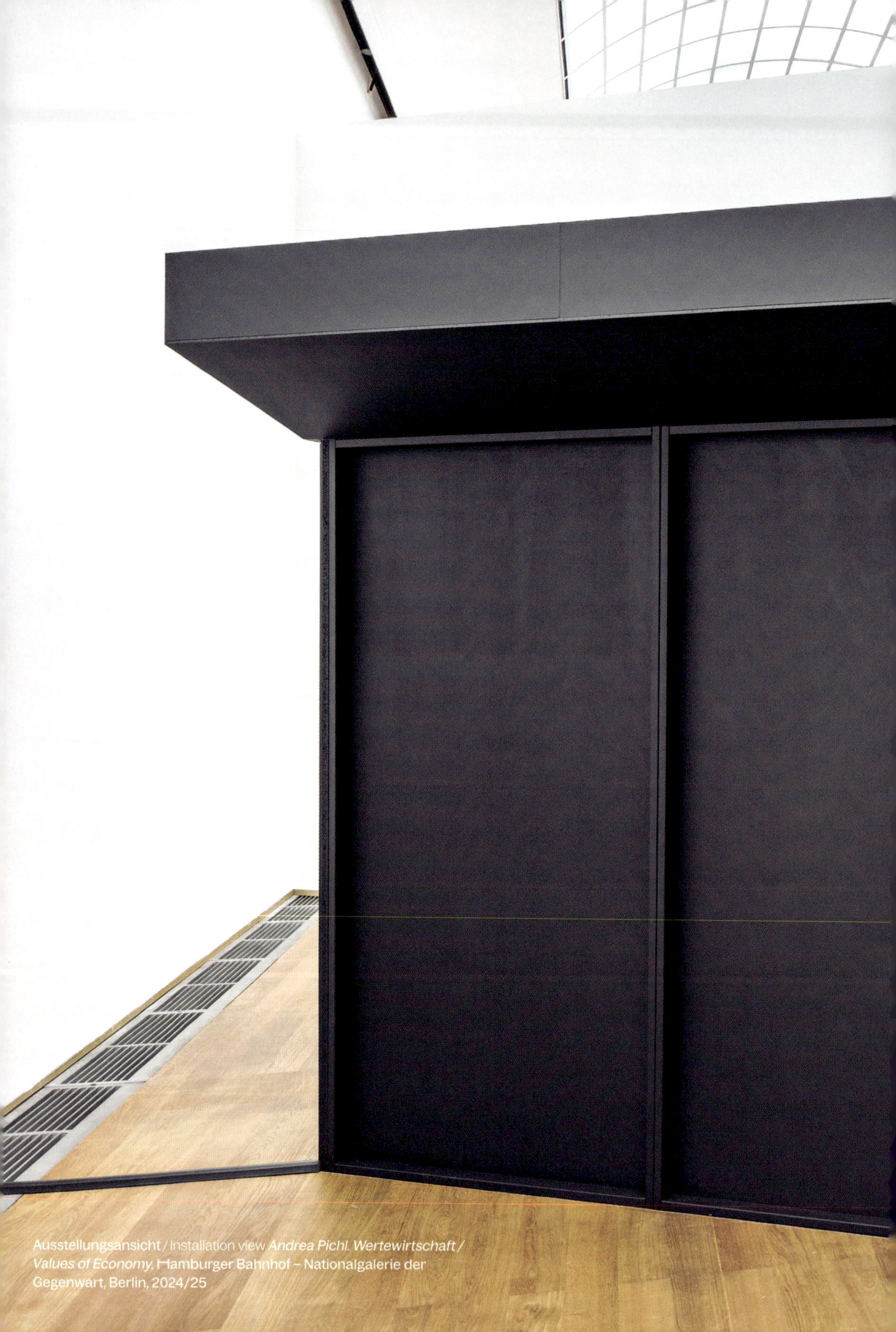

Ausstellungsansicht / Installation view *Andrea Pichl. Wertewirtschaft / Values of Economy*, Hamburger Bahnhof – Nationalgalerie der Gegenwart, Berlin, 2024/25

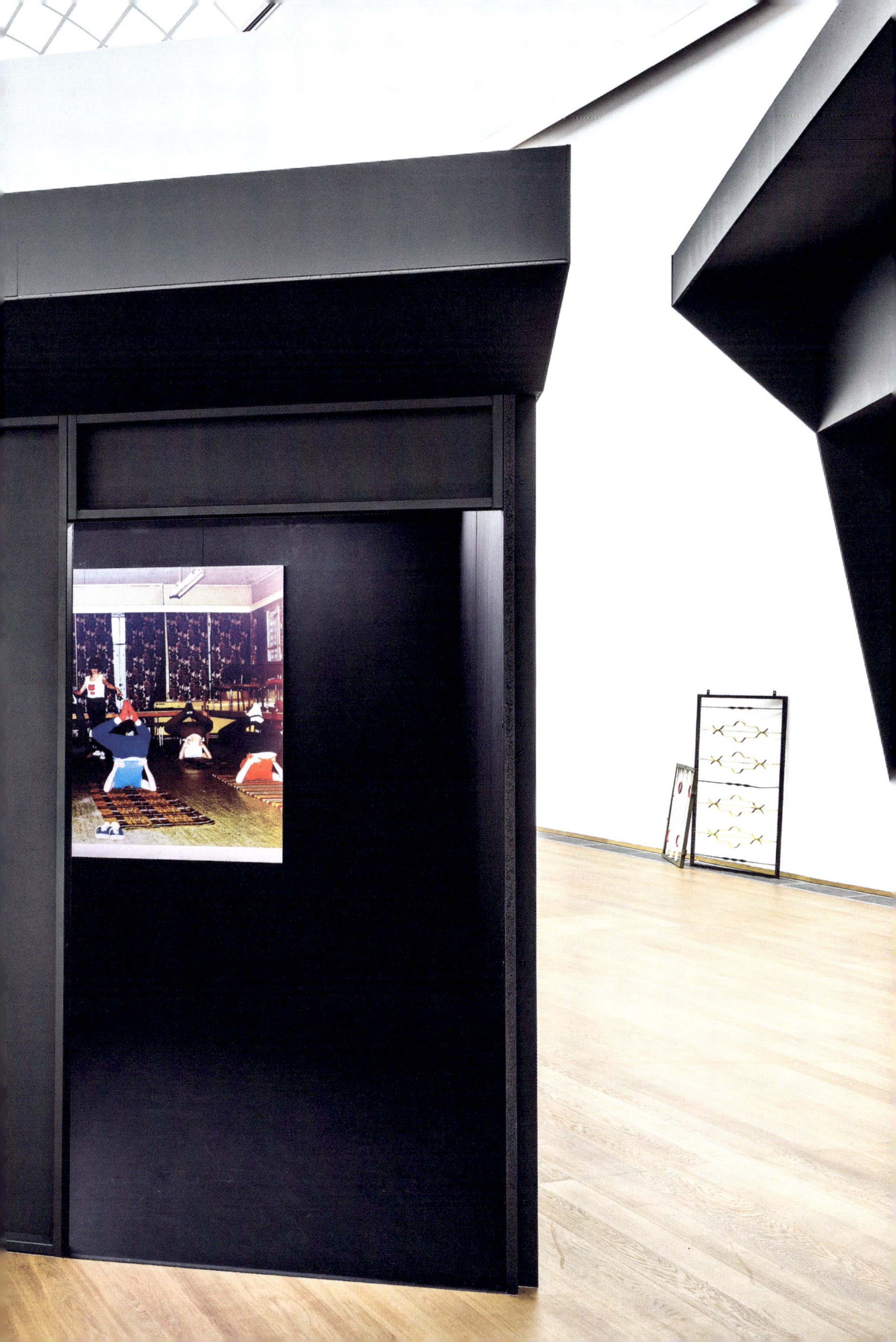

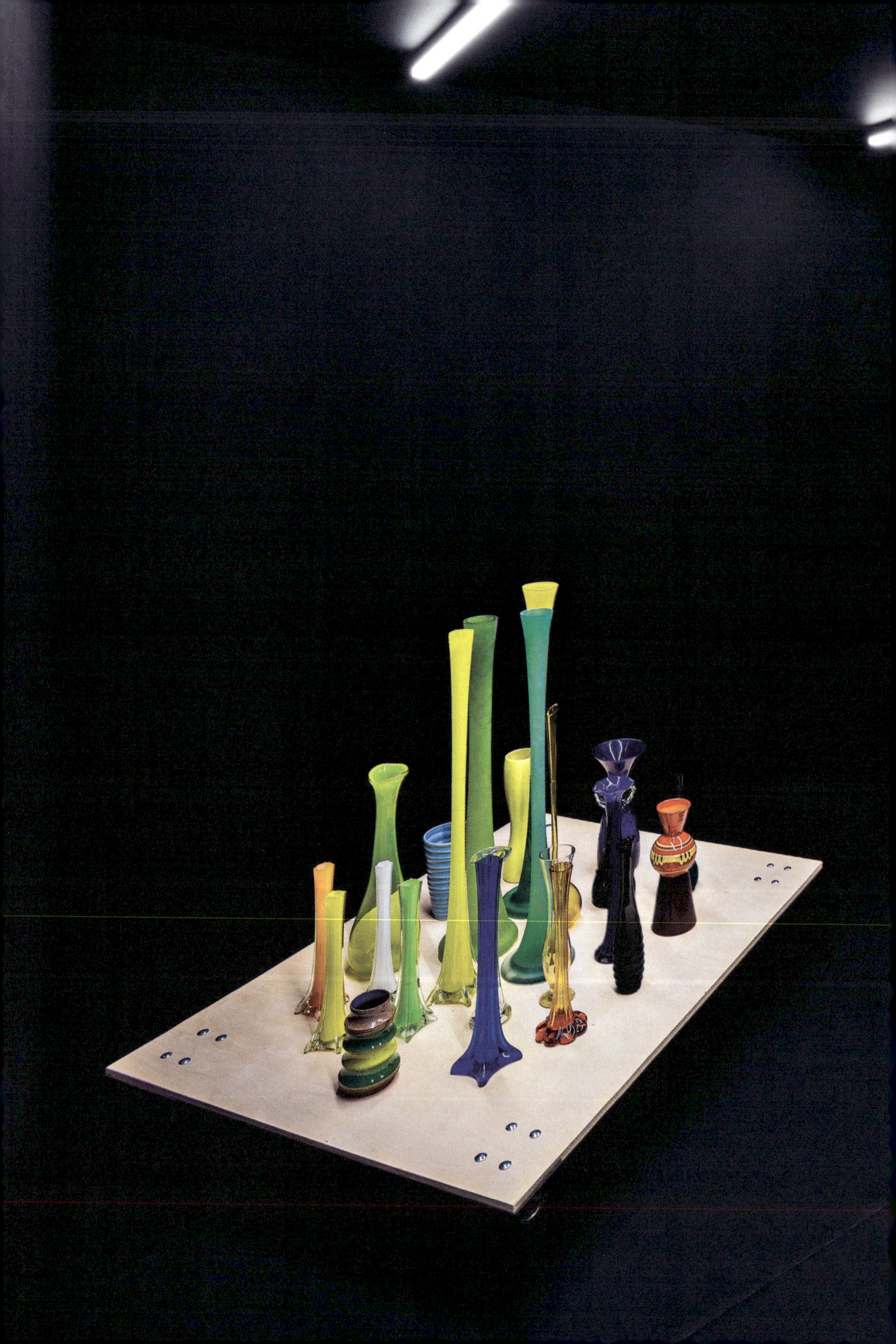

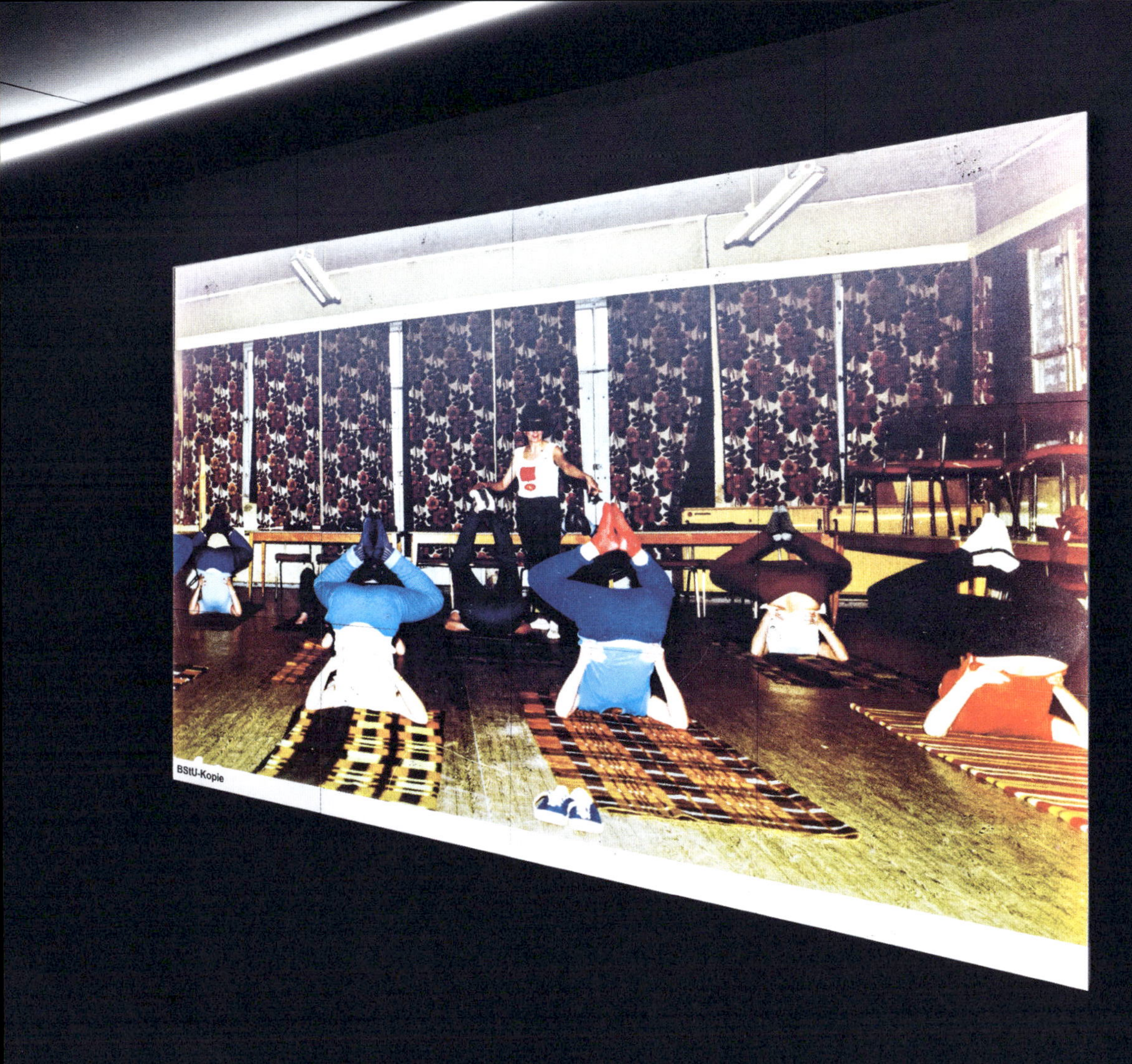

Vorn / In front Andrea Pichl, *23 Vasen / 23 Vases,* 2022, Glas, Keramik, Holz, Rollen /
glass, ceramic, wood, wheels, 100 × 120 × 100 cm, Ausstellungsansicht / installation view
Andrea Pichl. Wertewirtschaft / Values of Economy, Hamburger Bahnhof –
Nationalgalerie der Gegenwart, Berlin, 2024/25

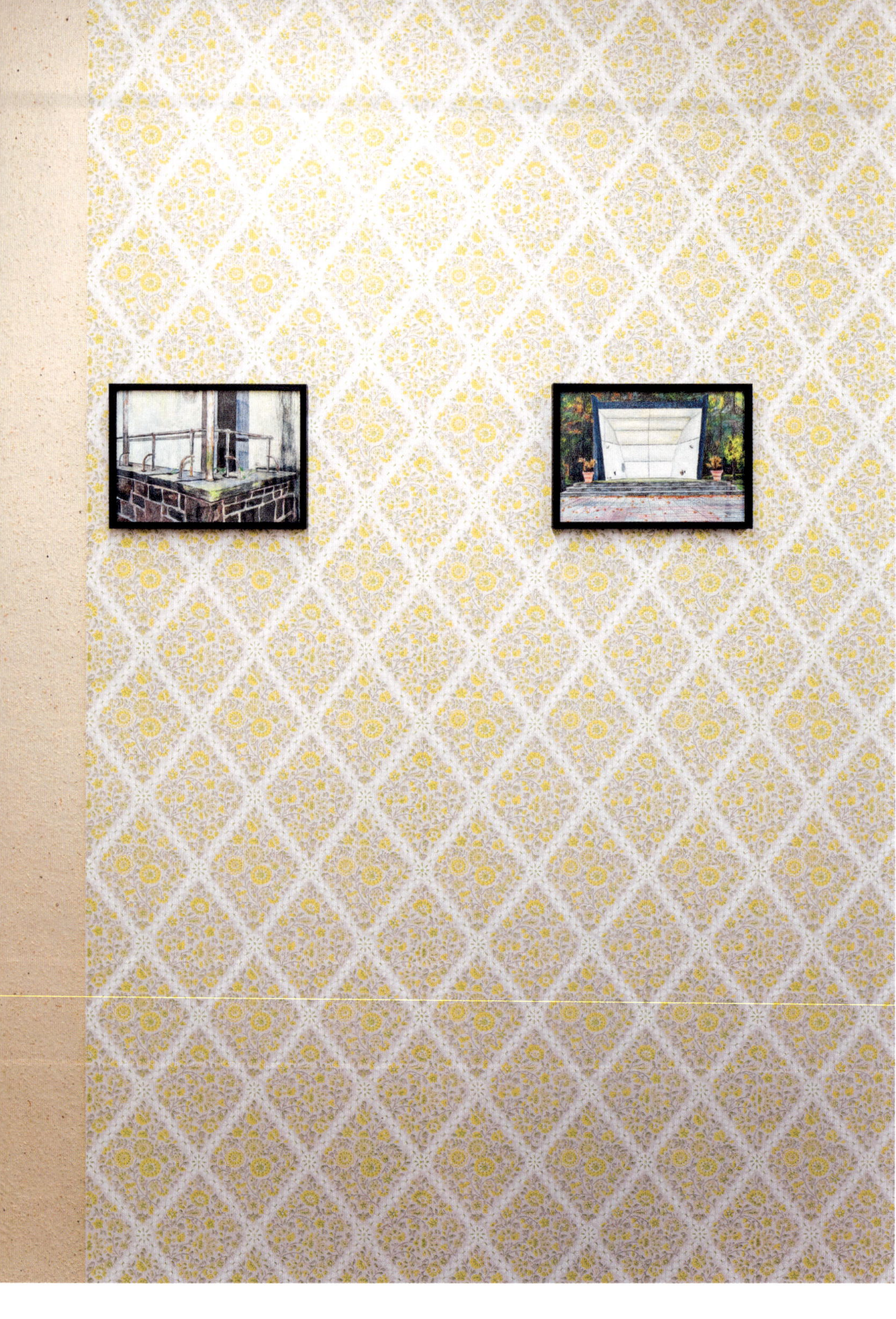

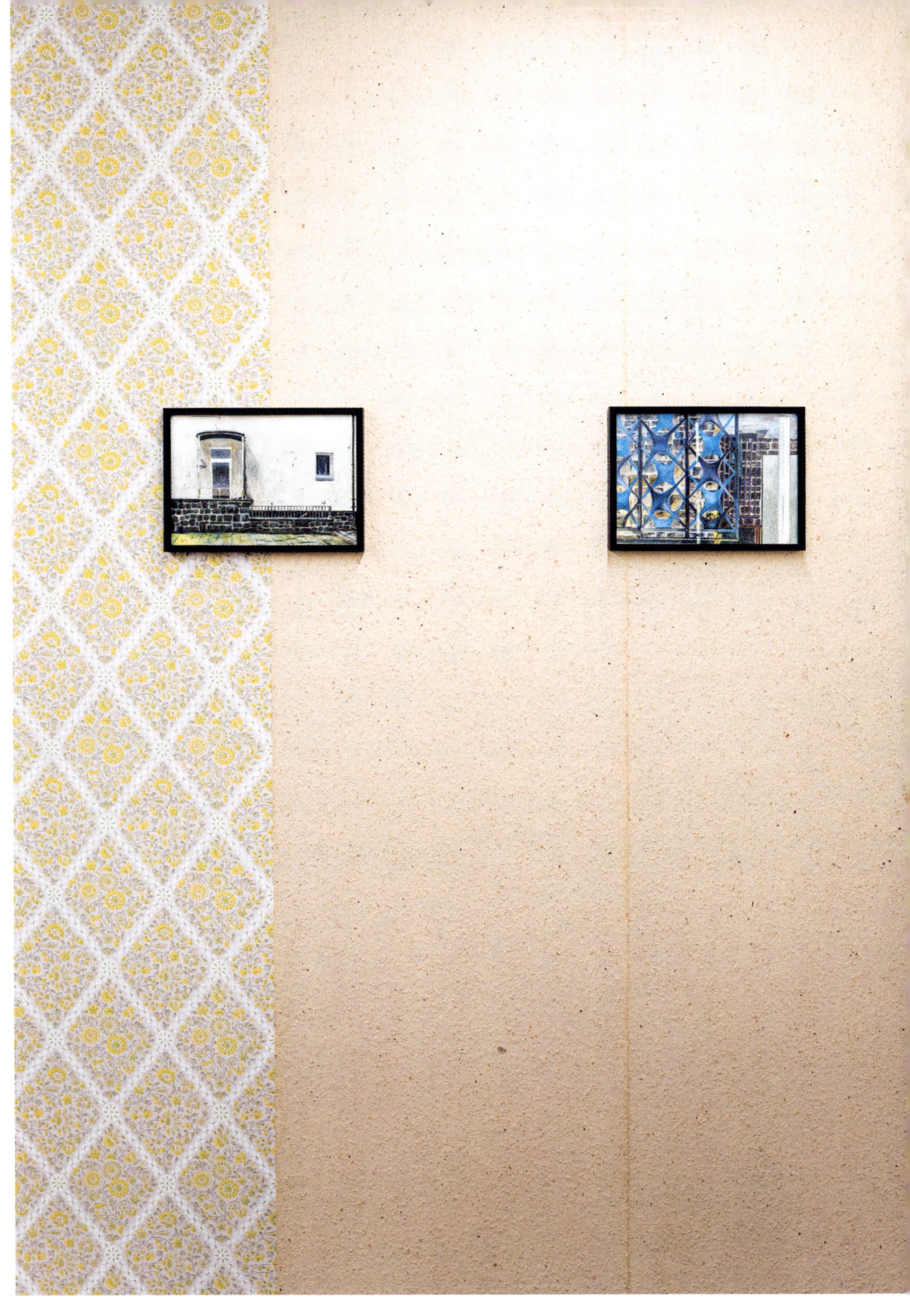

Andrea Pichl, Zeichungen aus der Serie / drawings from the series *Wandlitz*, 2023/24, Buntstift auf Papier, gerahmt / colored pencil on paper, framed, **je** / each 22,5 × 31,5 cm, Ausstellungsansicht / installation view *Andrea Pichl. Wertewirtschaft / Values of Economy,* Hamburger Bahnhof – Nationalgalerie der Gegenwart, Berlin, 2024/25

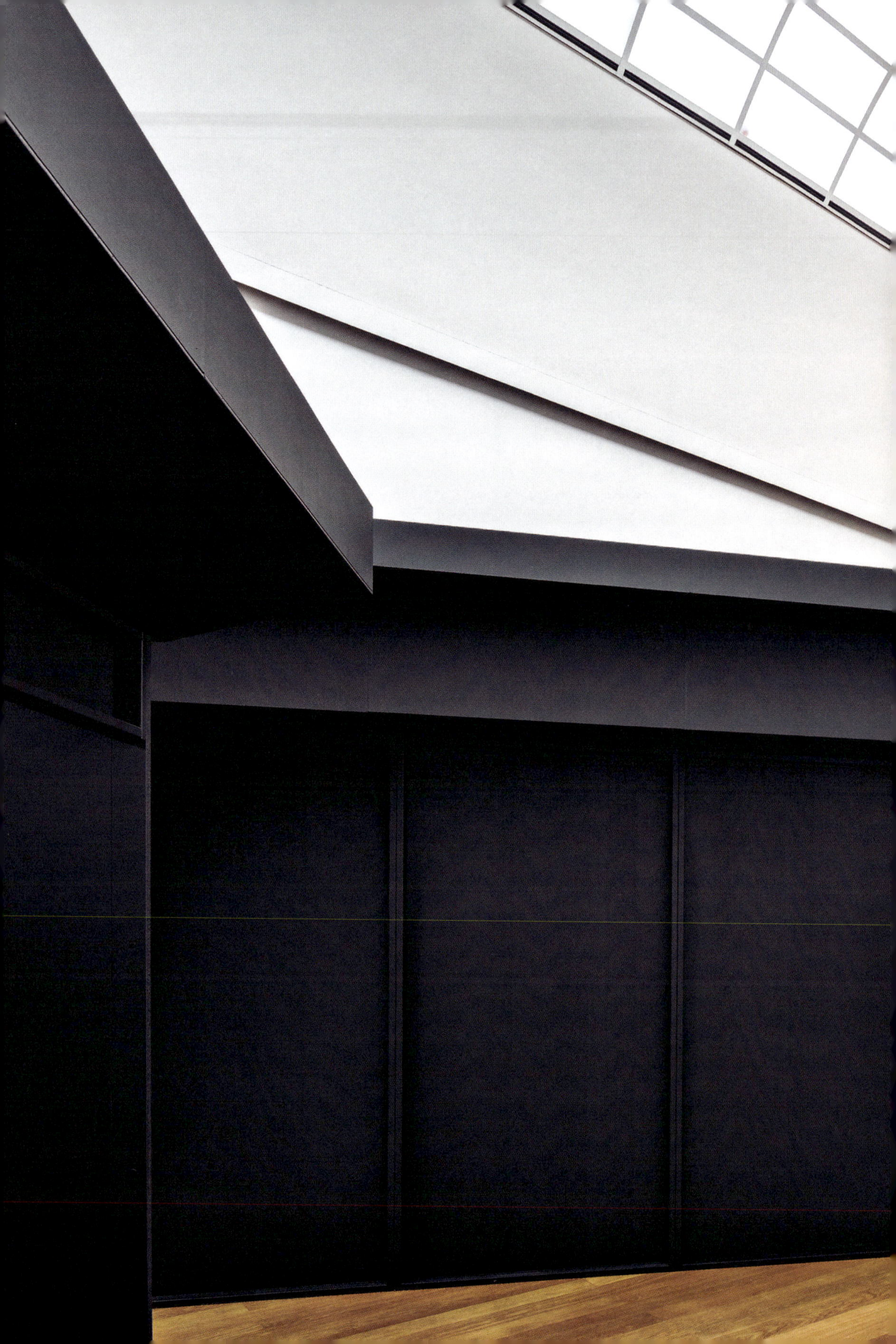

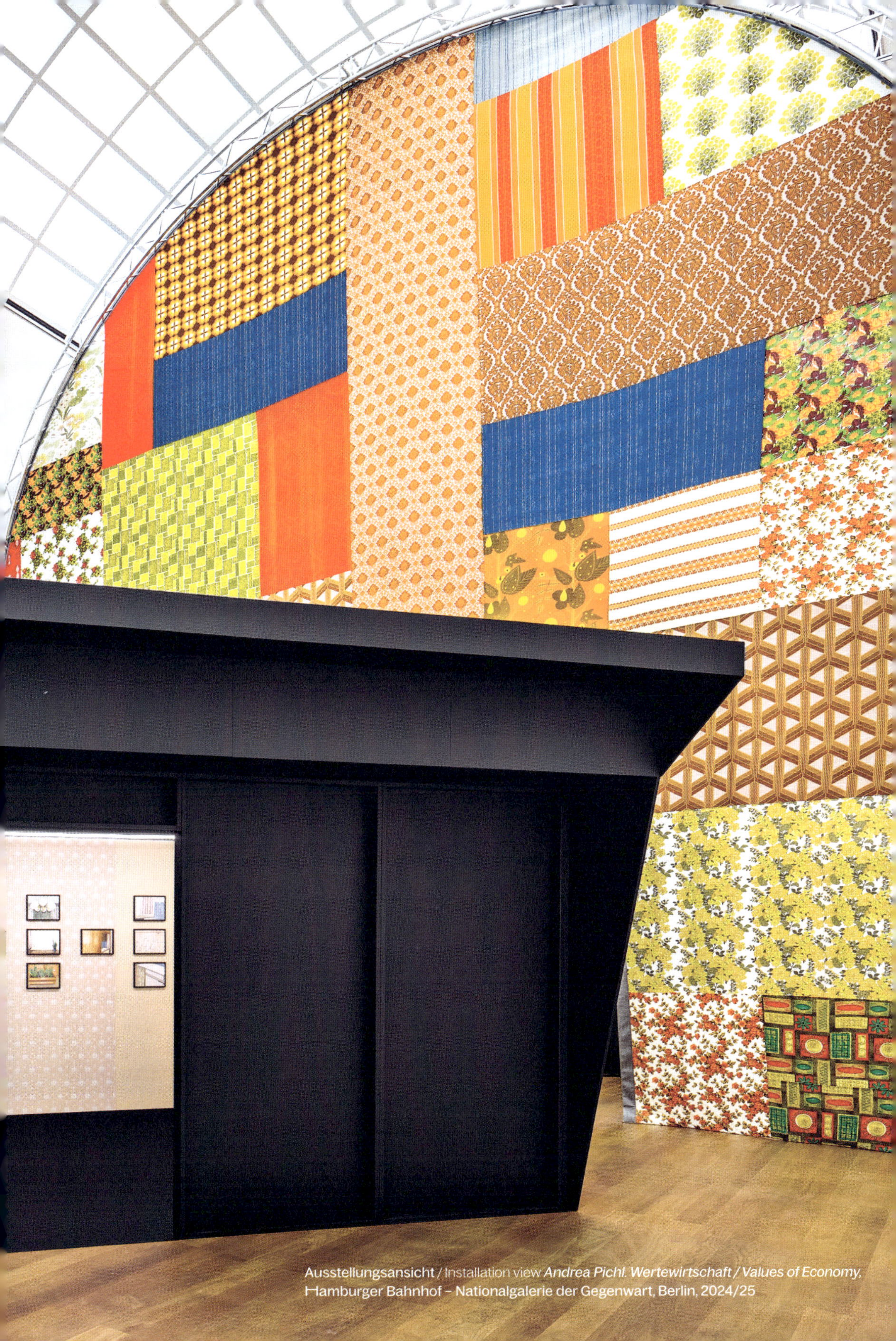

Ausstellungsansicht / Installation view *Andrea Pichl. Wertewirtschaft / Values of Economy*, Hamburger Bahnhof – Nationalgalerie der Gegenwart, Berlin, 2024/25

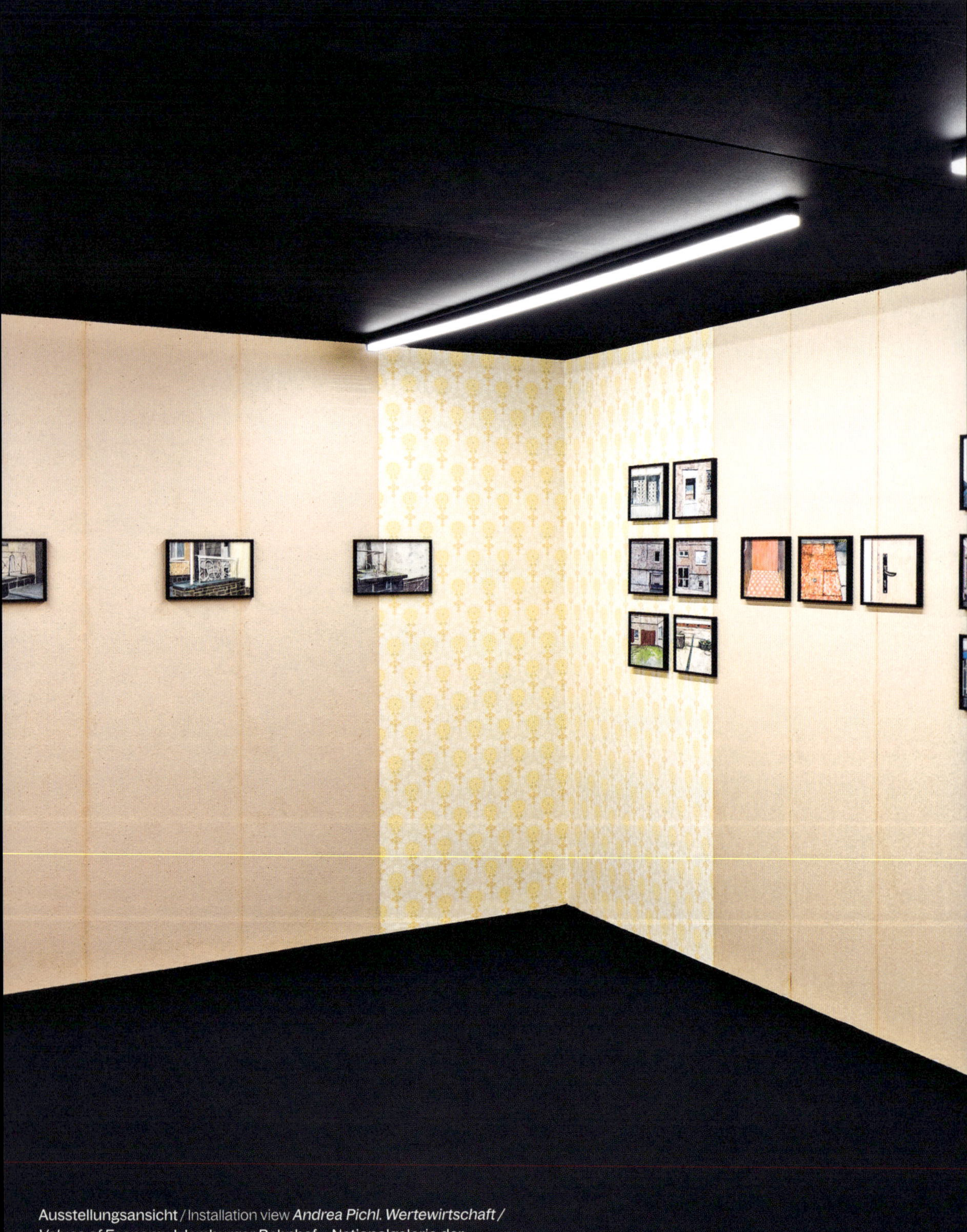

Ausstellungsansicht / Installation view *Andrea Pichl. Wertewirtschaft / Values of Economy,* Hamburger Bahnhof – Nationalgalerie der Gegenwart, Berlin, 2024/25

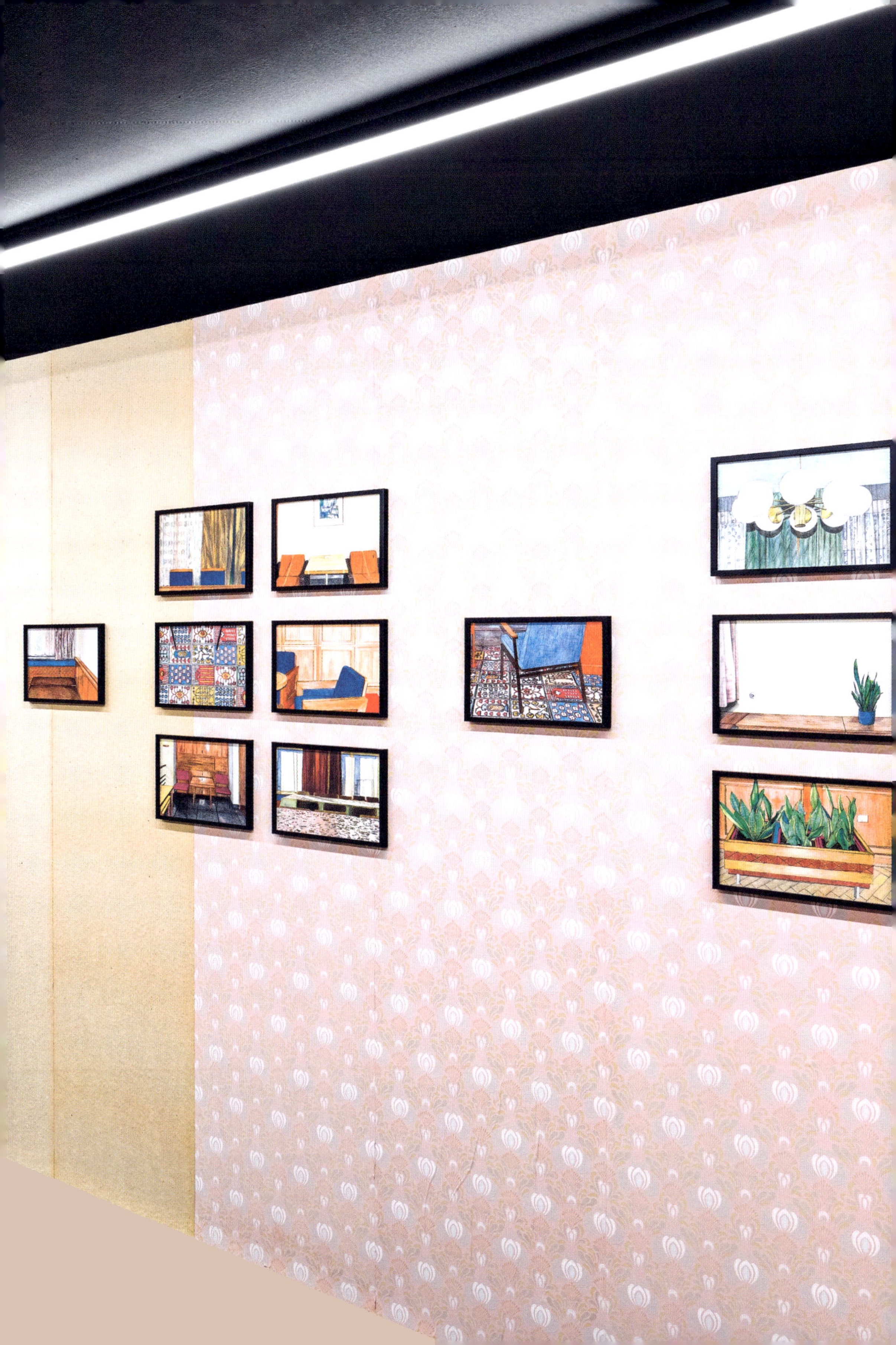

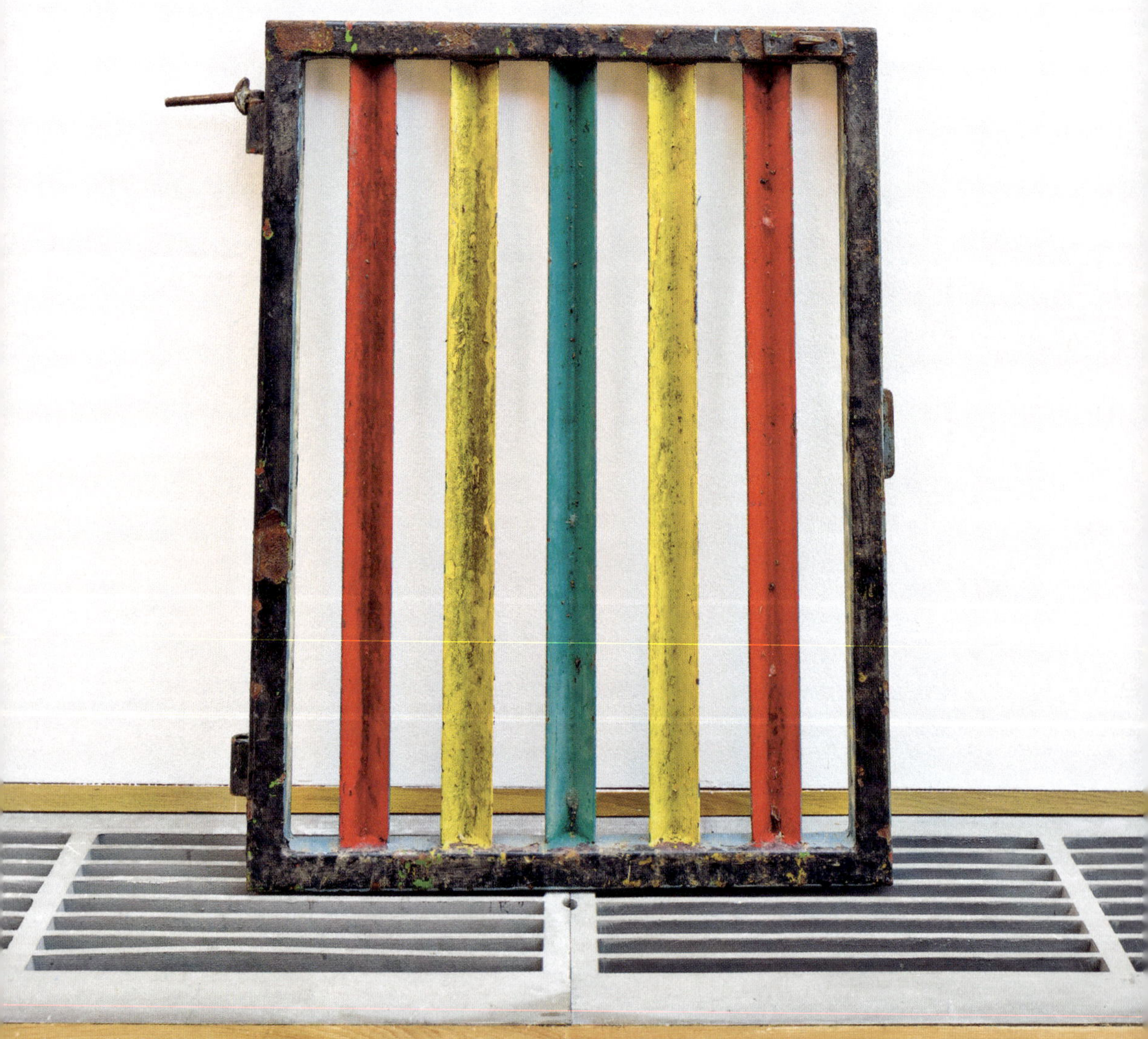

Andrea Pichl, *Labile Balance / Unstable Balance*, 2014, 4 gebrauchte Zäune, Metall, lackiert, teilweise verrostet / 4 used fences, metal, lacquered, partially rusted, 75 × 101 cm, Detail, Ausstellungsansicht / installation view *Andrea Pichl. Wertewirtschaft / Values of Economy*, Hamburger Bahnhof – Nationalgalerie der Gegenwart, Berlin, 2024/25

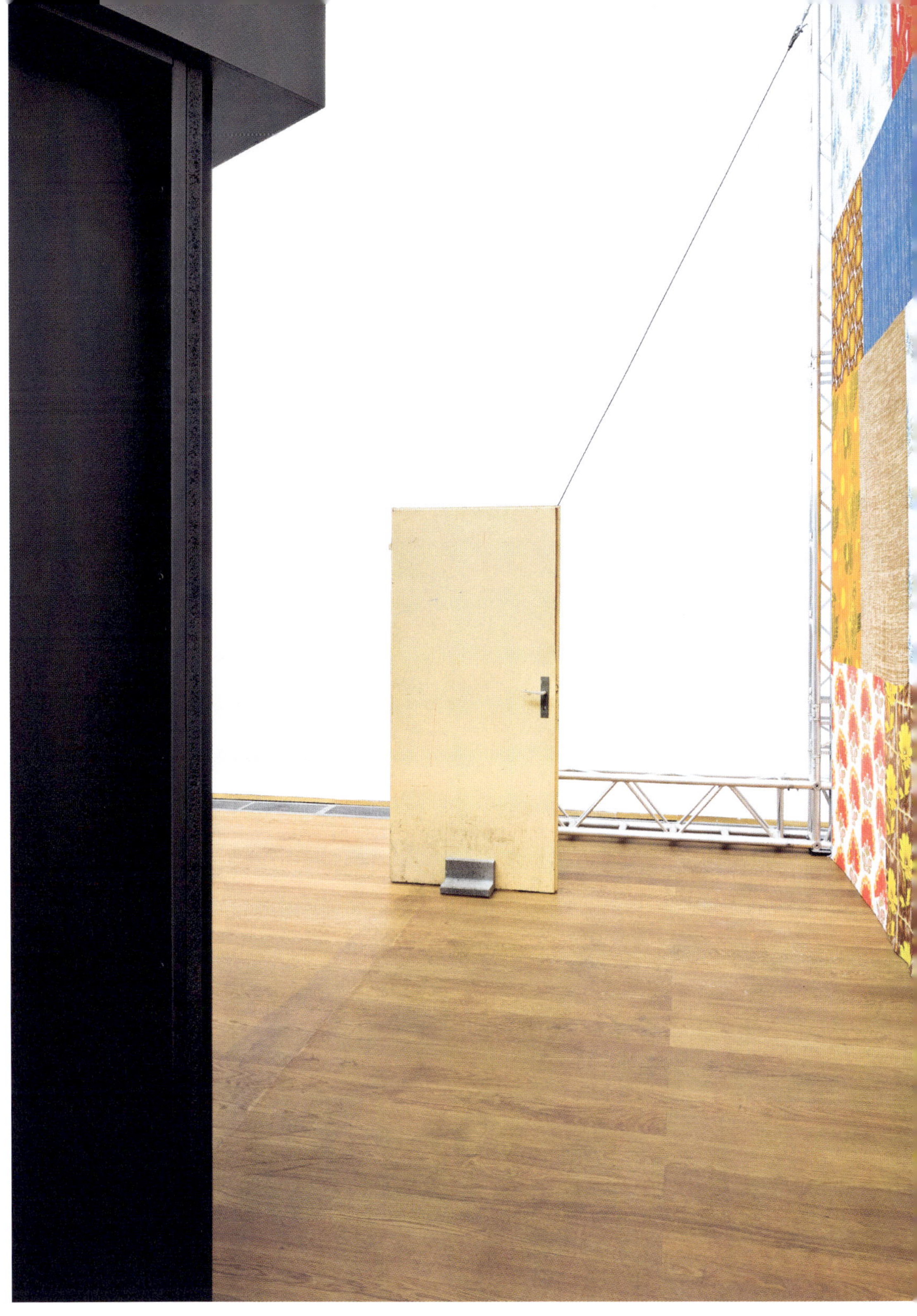

Andrea Pichl, *Urtür,* 2014, 2 gebrauchte Türen, Hartpappe, Betonständer /
2 used doors, synthetic resin bonded paper, concrete stand, 195 × 73 × 33 cm, Detail,
Ausstellungsansicht / installation view *Andrea Pichl. Wertewirtschaft / Values of
Economy,* Hamburger Bahnhof – Nationalgalerie der Gegenwart, Berlin, 2024/25

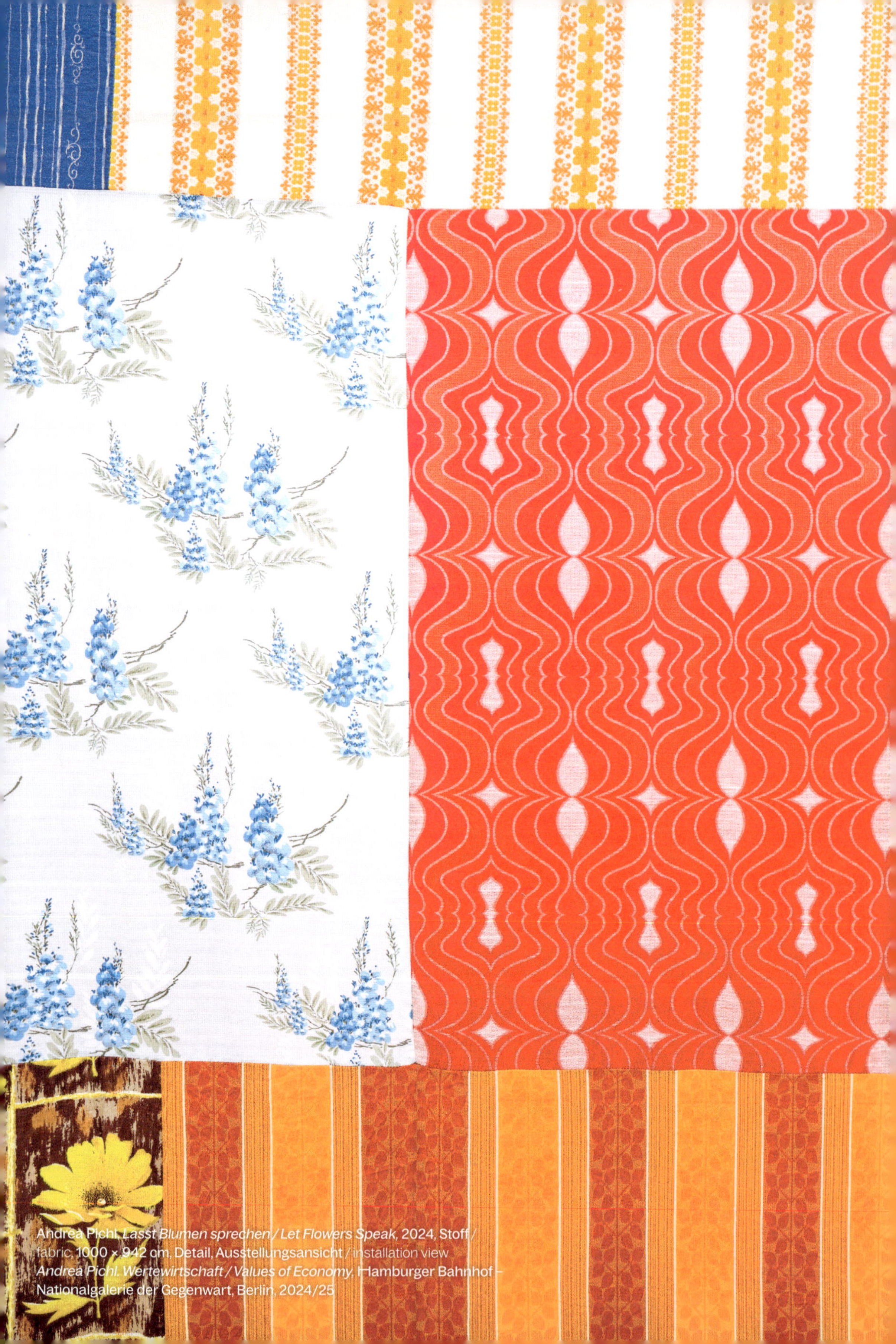

Andrea Pichl, *Lasst Blumen sprechen / Let Flowers Speak*, 2024, Stoff /
fabric, 1000 × 942 cm, Detail, Ausstellungsansicht / installation view
Andrea Pichl. Wertewirtschaft / Values of Economy, Hamburger Bahnhof –
Nationalgalerie der Gegenwart, Berlin, 2024/25

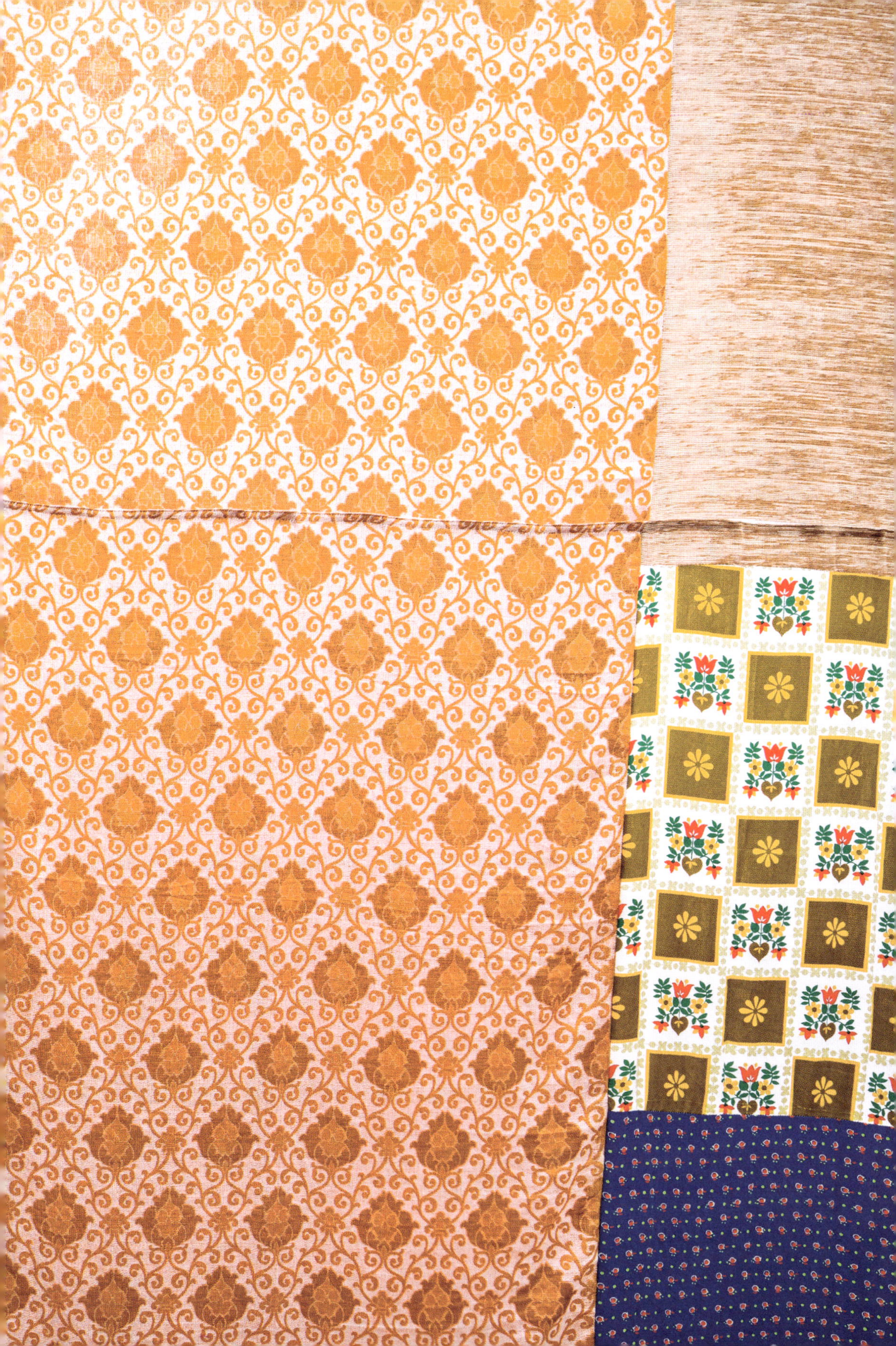

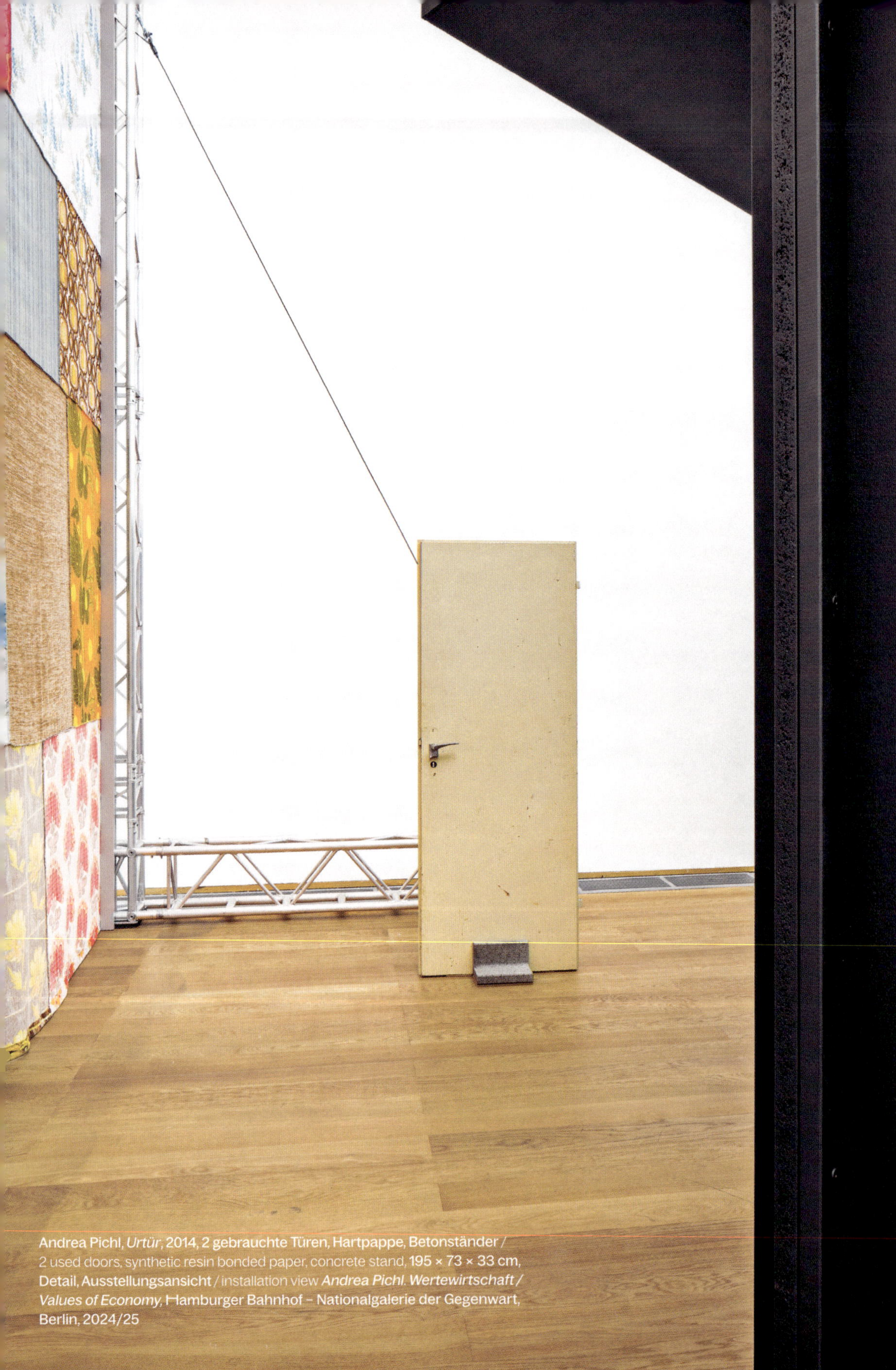

Andrea Pichl, *Urtür*, 2014, 2 gebrauchte Türen, Hartpappe, Betonständer /
2 used doors, synthetic resin bonded paper, concrete stand, 195 × 73 × 33 cm,
Detail, Ausstellungsansicht / installation view *Andrea Pichl. Wertewirtschaft /
Values of Economy*, Hamburger Bahnhof – Nationalgalerie der Gegenwart,
Berlin, 2024/25

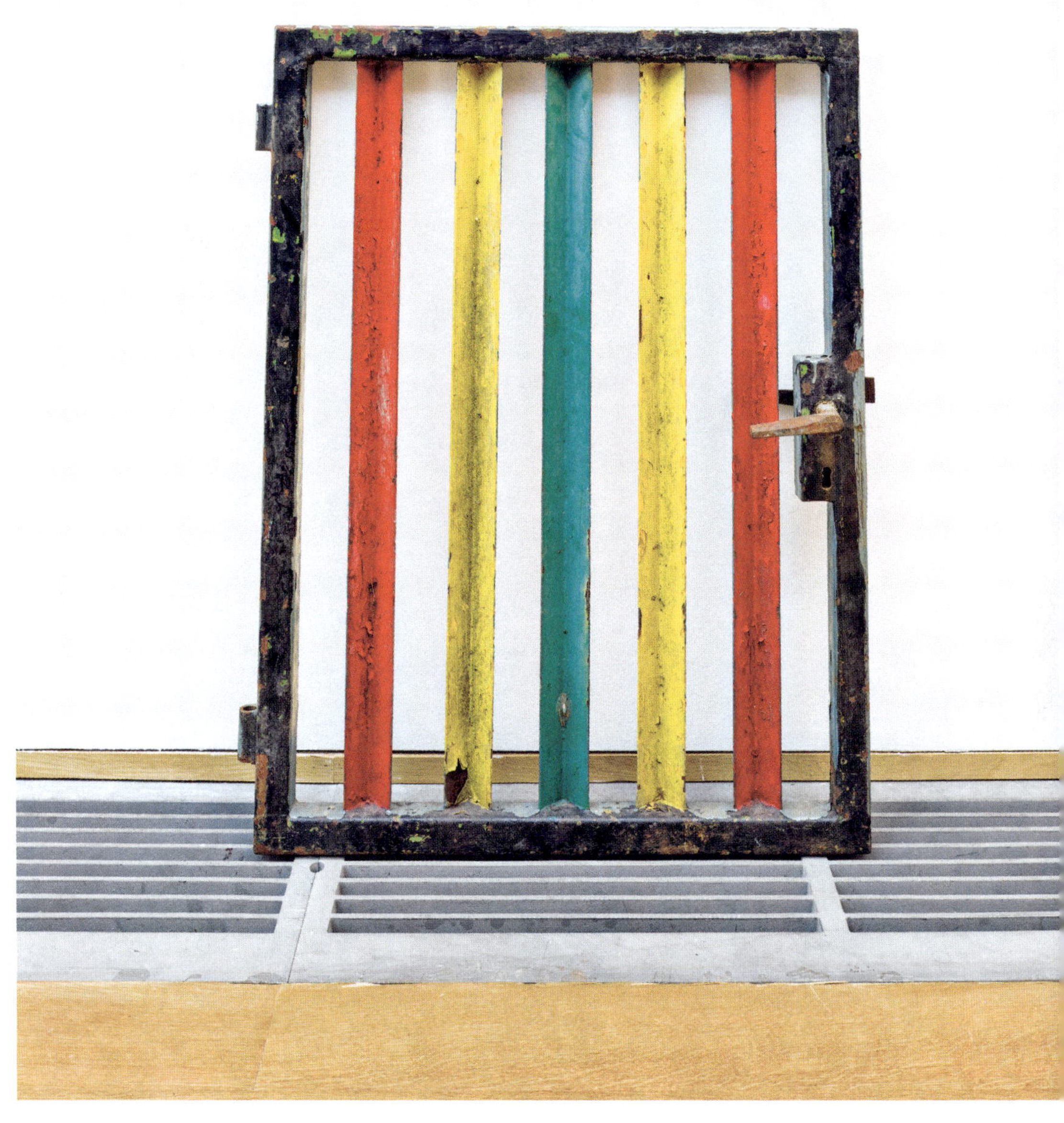

Andrea Pichl, *Labile Balance / Unstable Balance,* 2014, 4 gebrauchte Zäune, Metall, lackiert, teilweise verrostet / 4 used fences, metal, lacquered, partially rusted, 75 × 101 cm, Detail, Ausstellungsansicht / installation view *Andrea Pichl. Wertewirtschaft / Values of Economy,* Hamburger Bahnhof – Nationalgalerie der Gegenwart, Berlin, 2024/25

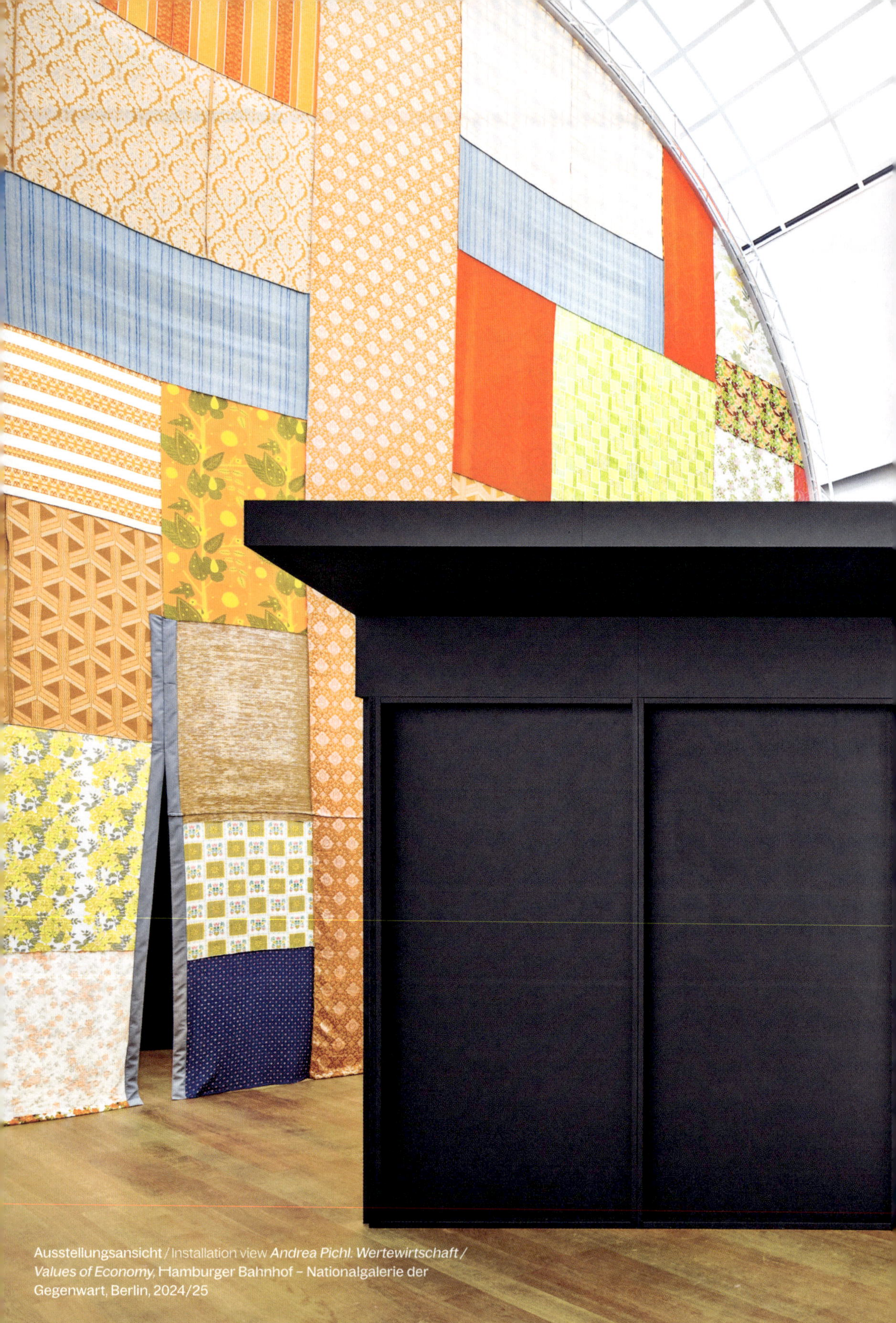

Ausstellungsansicht / Installation view *Andrea Pichl. Wertewirtschaft / Values of Economy,* Hamburger Bahnhof – Nationalgalerie der Gegenwart, Berlin, 2024/25

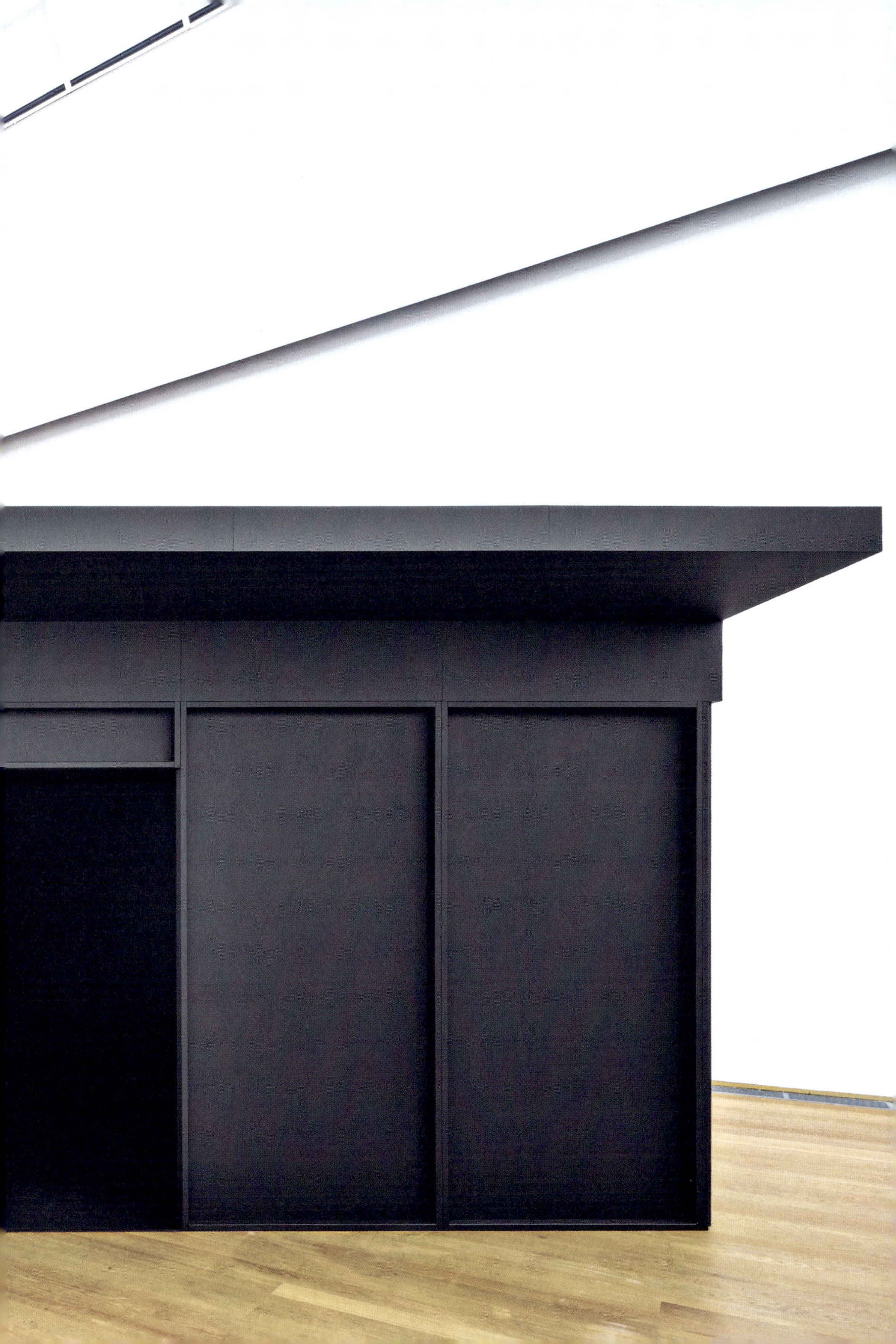

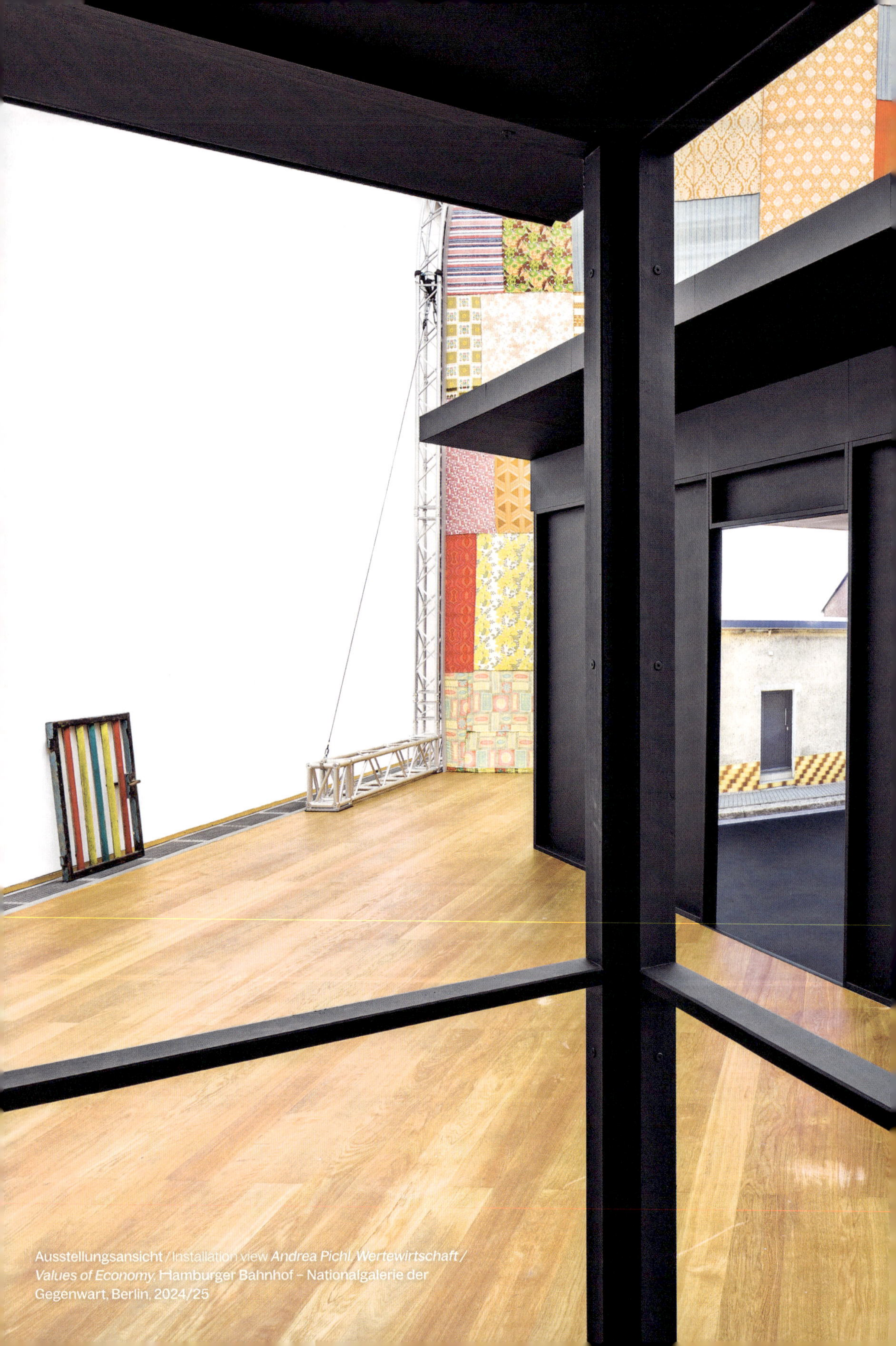

Ausstellungsansicht / Installation view *Andrea Pichl, Wertewirtschaft /
Values of Economy*, Hamburger Bahnhof – Nationalgalerie der
Gegenwart, Berlin, 2024/25

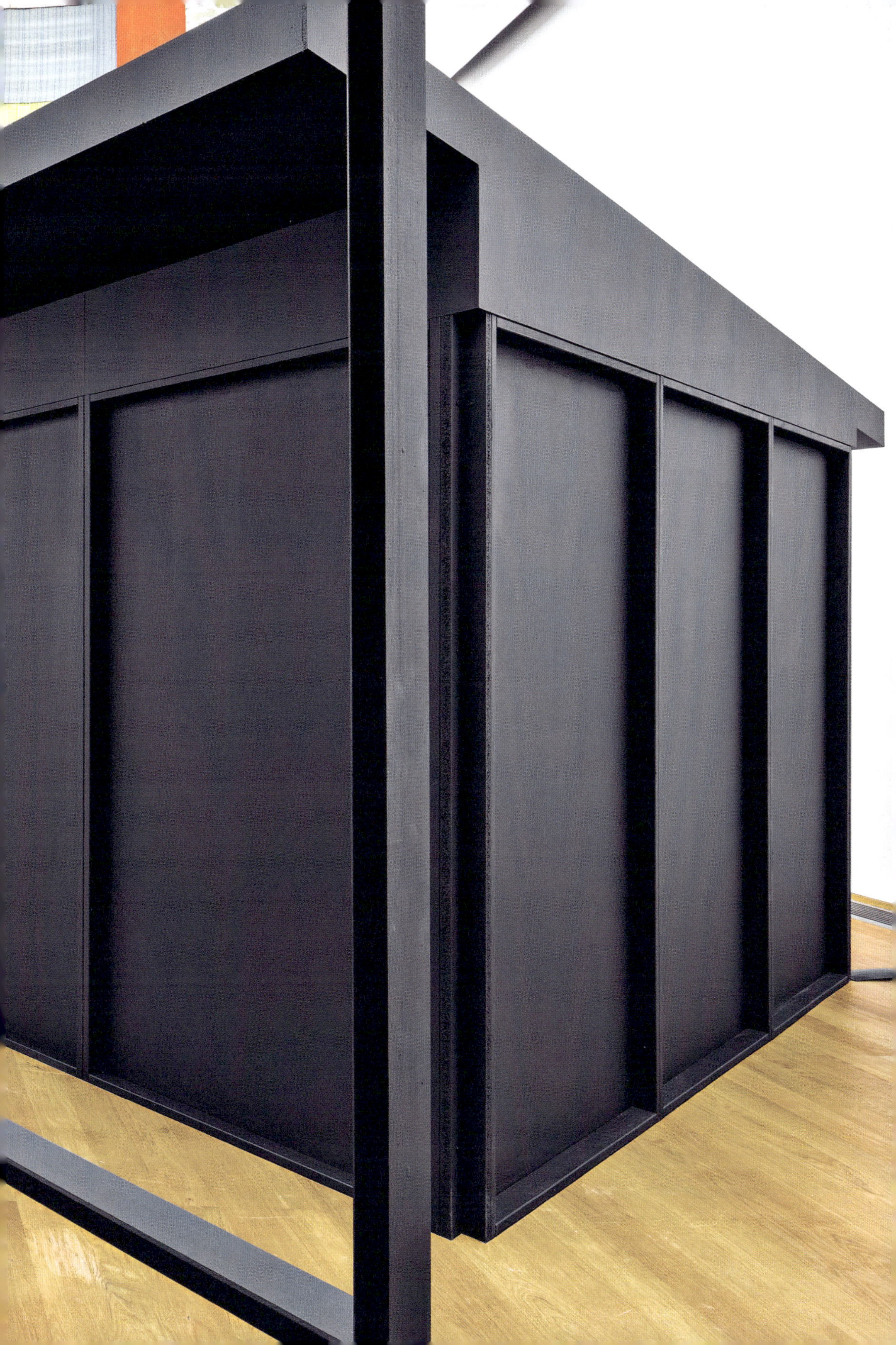

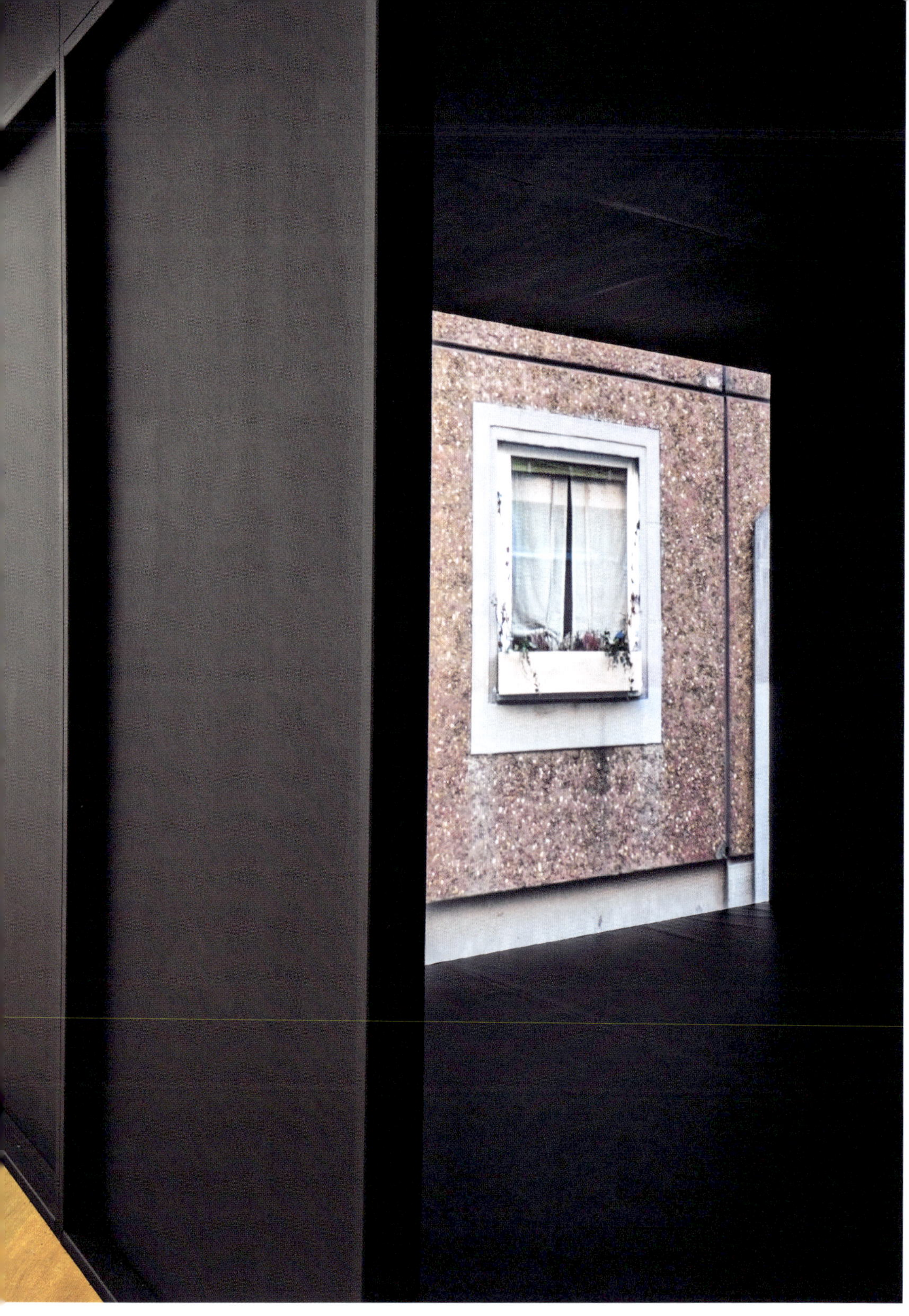

Andrea Pichl, *Zeitgeist,* 2024, Maße variabel / dimensions variable,
Videoprojektion / video projection, 12 Min. (Loop), Detail,
Ausstellungsansicht / installation view *Andrea Pichl. Wertewirtschaft /
Values of Economy,* Hamburger Bahnhof – Nationalgalerie der
Gegenwart, Berlin, 2024/25

38.305   6.157,-

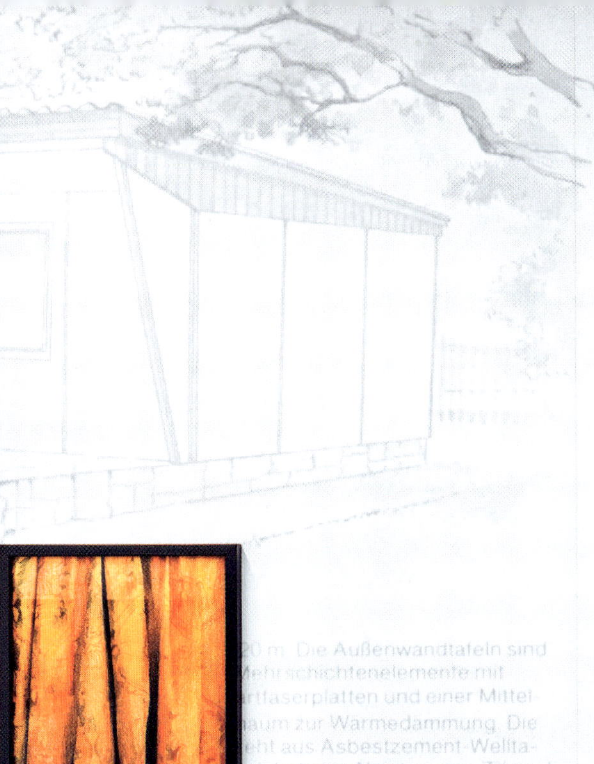

20 m. Die Außenwandtafeln sind
Mehrschichtenelemente mit
...rtfaserplatten und einer Mittel-
...aum zur Wärmedämmung. Die
...eht aus Asbestzement-Wellta-
...ch hat eine Neigung von 7% und

Die Lieferzeit beträgt ca. 2 Monate, nachdem der Empfänger die Aufstellgenehmigung dem Auslieferungsor-
gan vorgelegt sowie den Aufstellort genannt hat. Der
konkrete Liefertermin wird zwischen dem Empfänger
und dem Auslieferbetrieb direkt vereinbart. Abwei-
chungen von der üblichen Lieferzeit können, bedingt
durch den Produktionsrhythmus, beim Bungalow
«B 55» auftreten.

Um bei Erholungsbauten eine Auslieferung vor Beginn
des Winters zu gewährleisten, nehmen wir die letzten
Bestellungen des Jahres 1986 bis Mitte September
entgegen, die ersten Bestellungen für 1987 dann wieder ab Januar 1987!

Alle Angaben für die Bungalows und Gartenlauben sind
Orientierungsdaten. Ebenso dienen die Abbildungen
lediglich der Information und sind nicht verbindlich für
den Ausstattungsumfang. Die Hersteller behalten sich
vor, aus technischen oder kaufmännischen Gründen
jederzeit Änderungen vorzunehmen.

Baumaterialien

Für die Herstellung der Fundamen...b...n...
ten, für die Sie bitte unser Sondera...
bieten wir auch entsprechende Ba...
wobei die im Angebot enthalten...
Mengen benötigen:

«B 55»
3250 kg Zement, 60 m² Mineralwol...
ten

«B 34»
2250 kg Zement, 40 m² Mineralwol...
-Matten

«B 22»
1750 kg Zement, 25 m² Mineralwol...
-Matten

«GL 14»
1250 kg Zement, 20 m² Mineralwollebahnen oder
-Matten

«GL 17»
1500 kg Zement, 25 m² Mineralwollebahnen oder
-Matten

«GL 19»
1500 kg Zement, 25 m² Mineralwollebahnen oder
-Matten

45.311	50 kg Zement	7,-
45.701	1 m² Mineralwollebahnen oder -Matten	6,-

Bei Baumaterialien sind die Transportkosten vom Empfänger zu tragen.

**Für folgende weitere Baumaterialien verlangen
Sie bitte unser Sonderangebot:**

Mauerziegel, Baukalk, Glasvliesdachbelag, Asbestzement-Bauplatten und -Welltafeln.

Gartenlaube «GL 25»
Diese Gartenlaube wurde speziell für die Bebauung in
Kleingartenanlagen entwickelt. Der Einsatz ist auf
Standorte mit Höhenlagen bis 450 m (Harz 375 m) über
NN begrenzt. Konstruiert ist die Gartenlaube nach dem
Baukastenprinzip in Leichtbauweise und für die Hand-
montage geeignet. Die Wände bestehen aus vorgefer-
tigten Elementen, in die Fenster und Türen bereits
montiert sind. Die Elemente sind raumhoch und haben
eine Breite von 1,20 m. Die Außenwandtafeln sind
89 mm dick und bestehen aus einem Holzrahmen mit
Wärmedämmstoff-Füllung. Sie sind außen mit ebenen

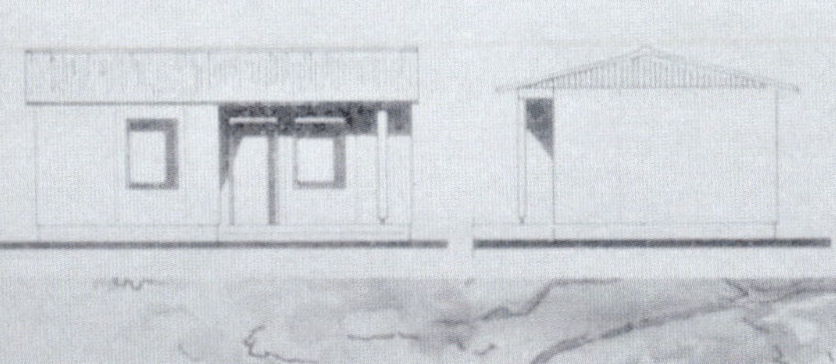

...
Mehrschichtenelemente mit Deckschichten aus
Hartfaserplatten und Mittellagen aus Hartpapierwaben
verwendet. Die Decke besteht aus Spanplatten unter
Sparschalung. Das Satteldach mit einer Neigung von
25% wird aus freitragenden Brettbindern gebildet. Die

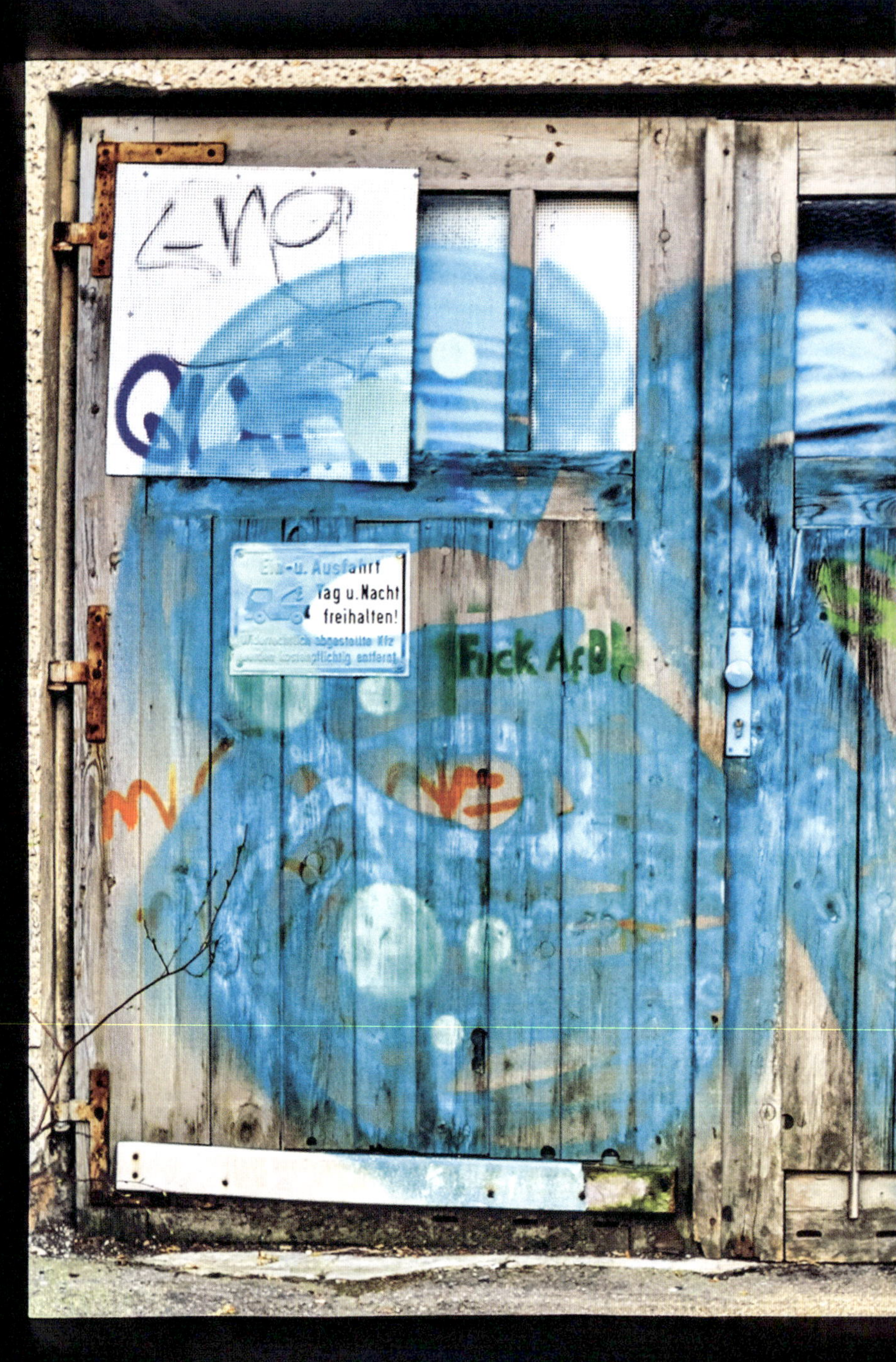

Andrea Pichl, *Zeitgeist*, 2024, Maße variabel / dimensions variable,
Videoprojektion / video projection, 12 Min. (Loop), Detail,
Ausstellungsansicht / installation view *Andrea Pichl. Wertewirtschaft /
Values of Economy*, Hamburger Bahnhof – Nationalgalerie der

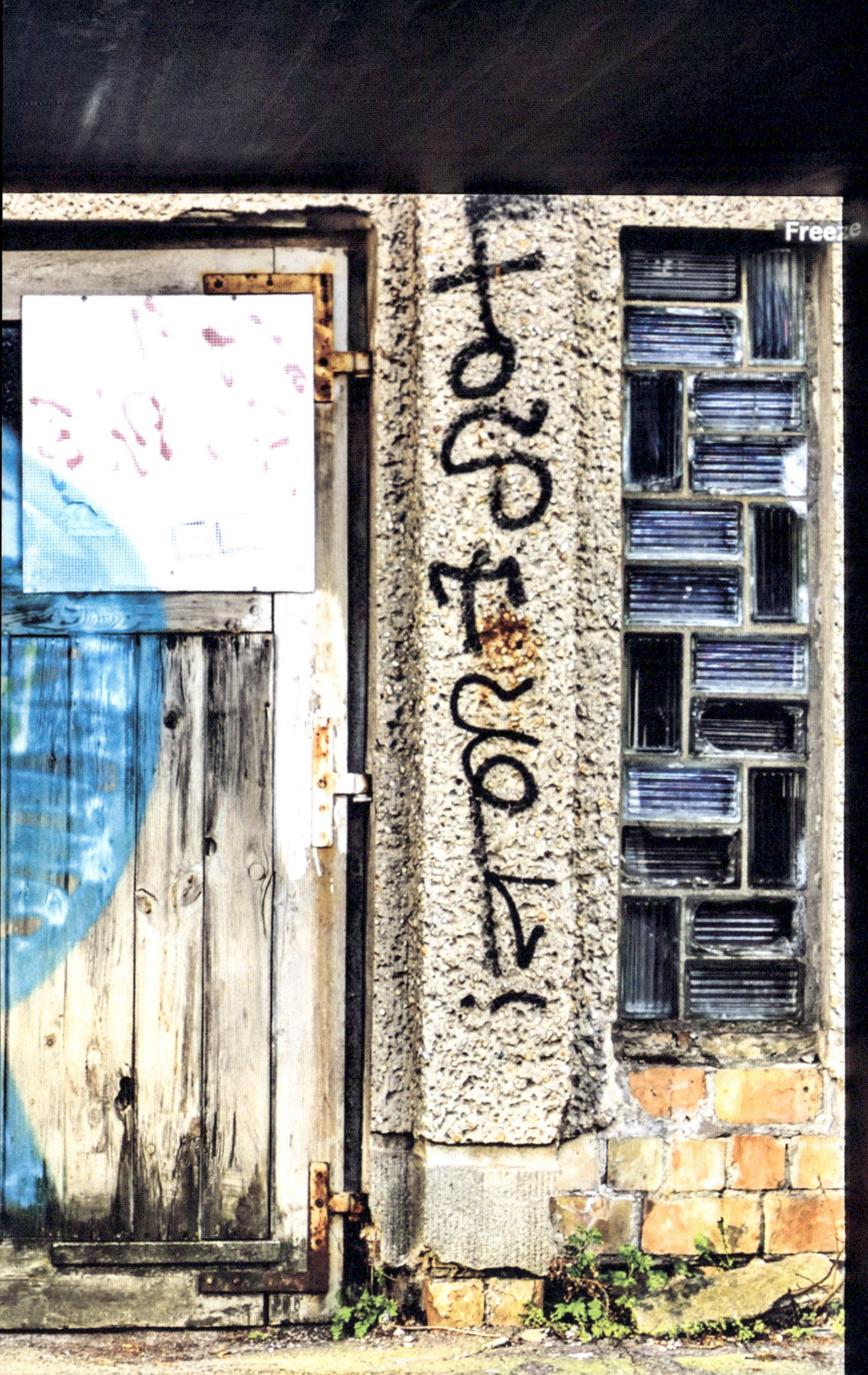

Freeze
top floor

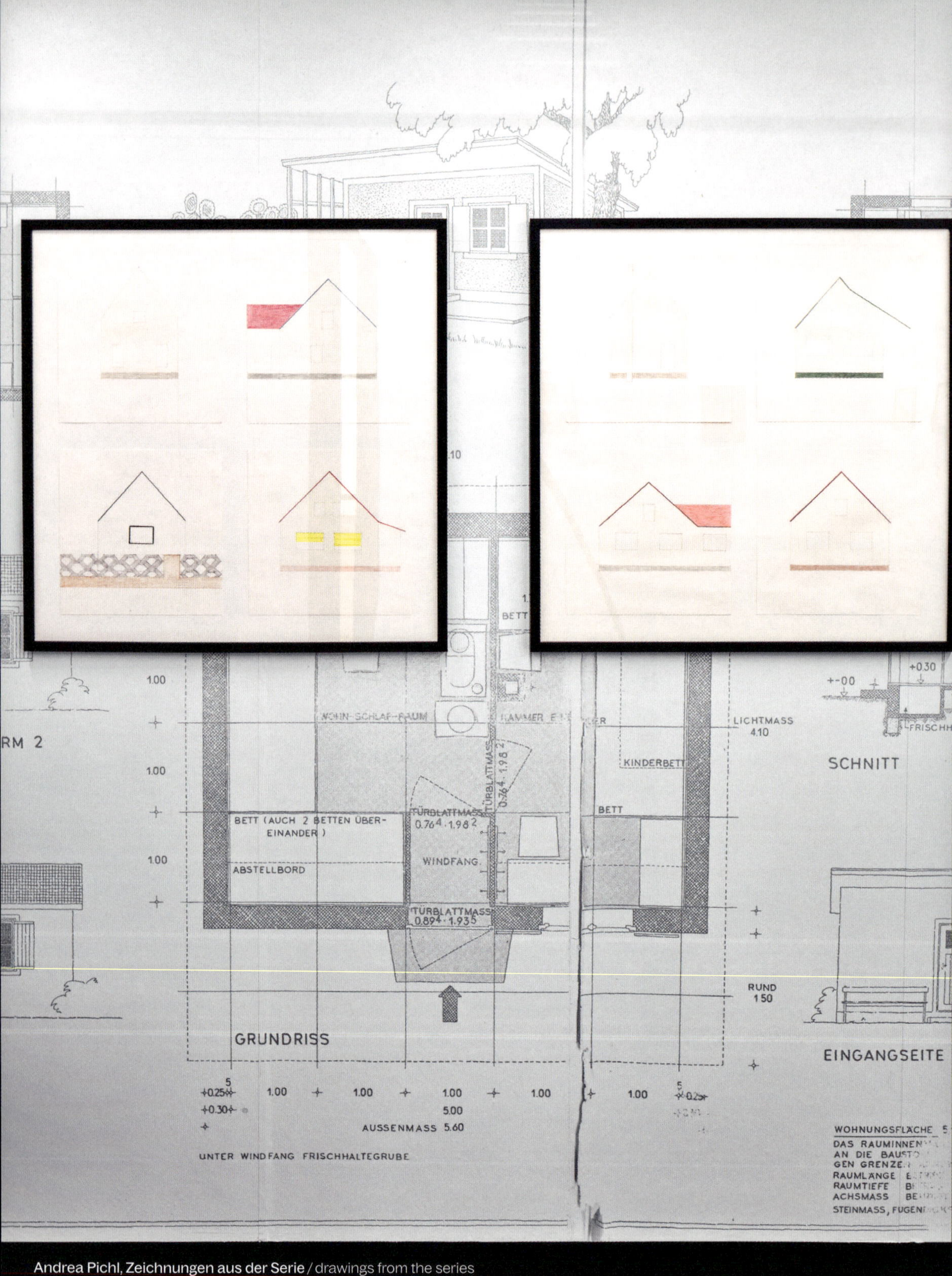

Andrea Pichl, Zeichnungen aus der Serie / drawings from the series
Häuser / Houses, 2017, Grafit und Buntstift auf Papier, gerahmt /

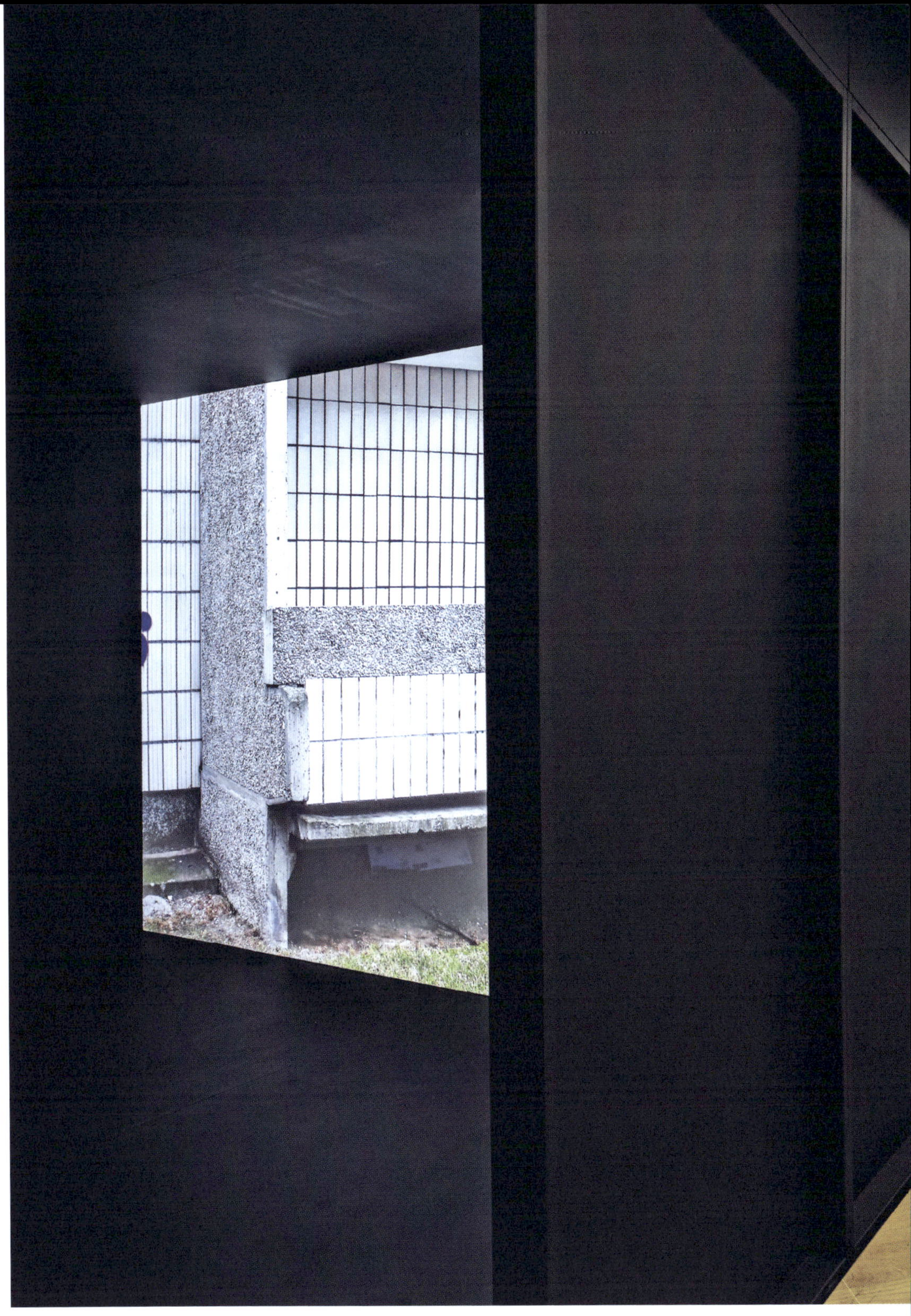

Andrea Pichl, *Zeitgeist,* 2024, Maße variabel / dimensions variable,
Videoprojektion / video projection, 12 Min. (Loop), Detail,
Ausstellungsansicht / installation view *Andrea Pichl. Wertewirtschaft /
Values of Economy,* Hamburger Bahnhof – Nationalgalerie der
Gegenwart, Berlin, 2024/25

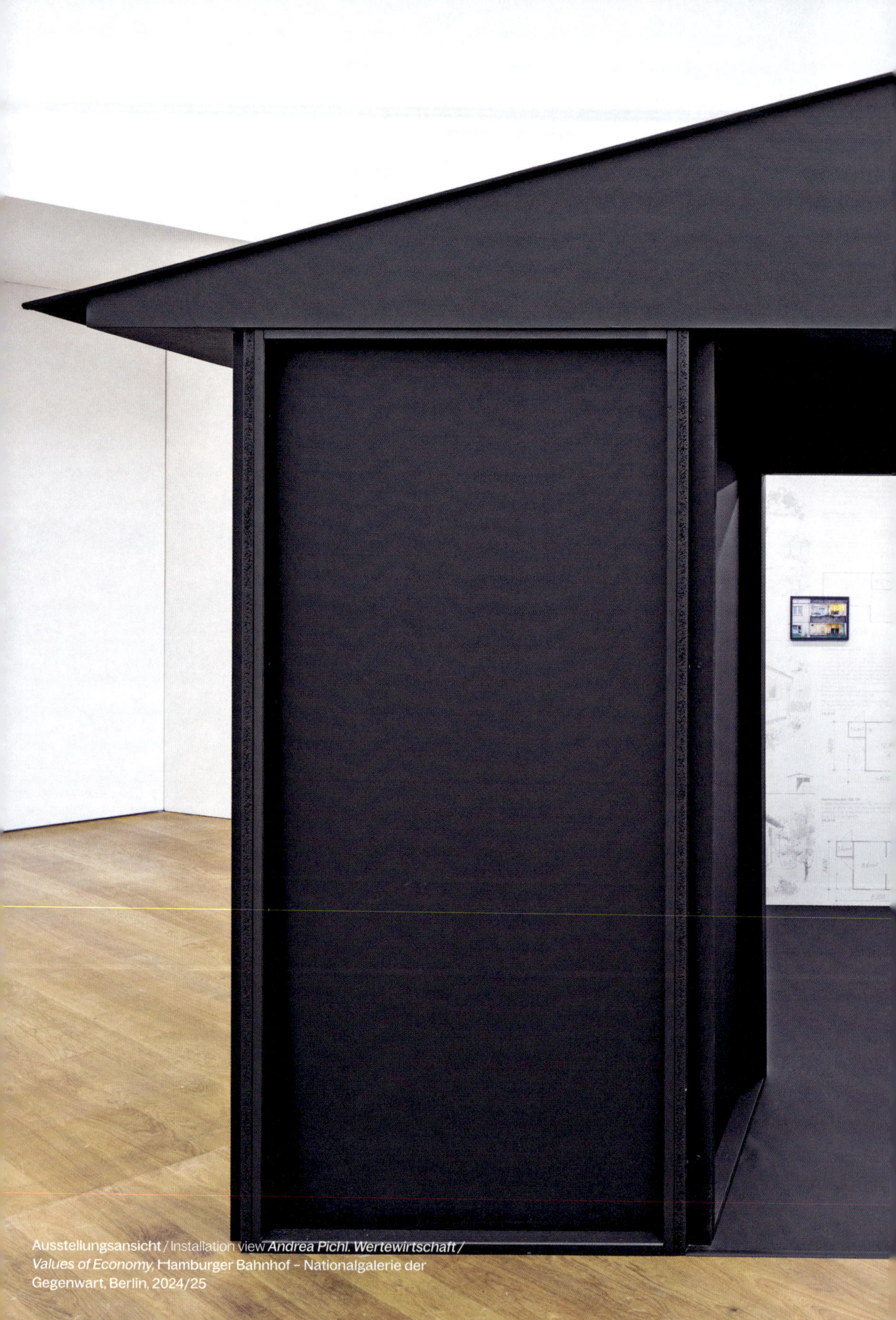

Ausstellungsansicht / Installation view *Andrea Pichl. Wertewirtschaft / Values of Economy*, Hamburger Bahnhof – Nationalgalerie der Gegenwart, Berlin, 2024/25

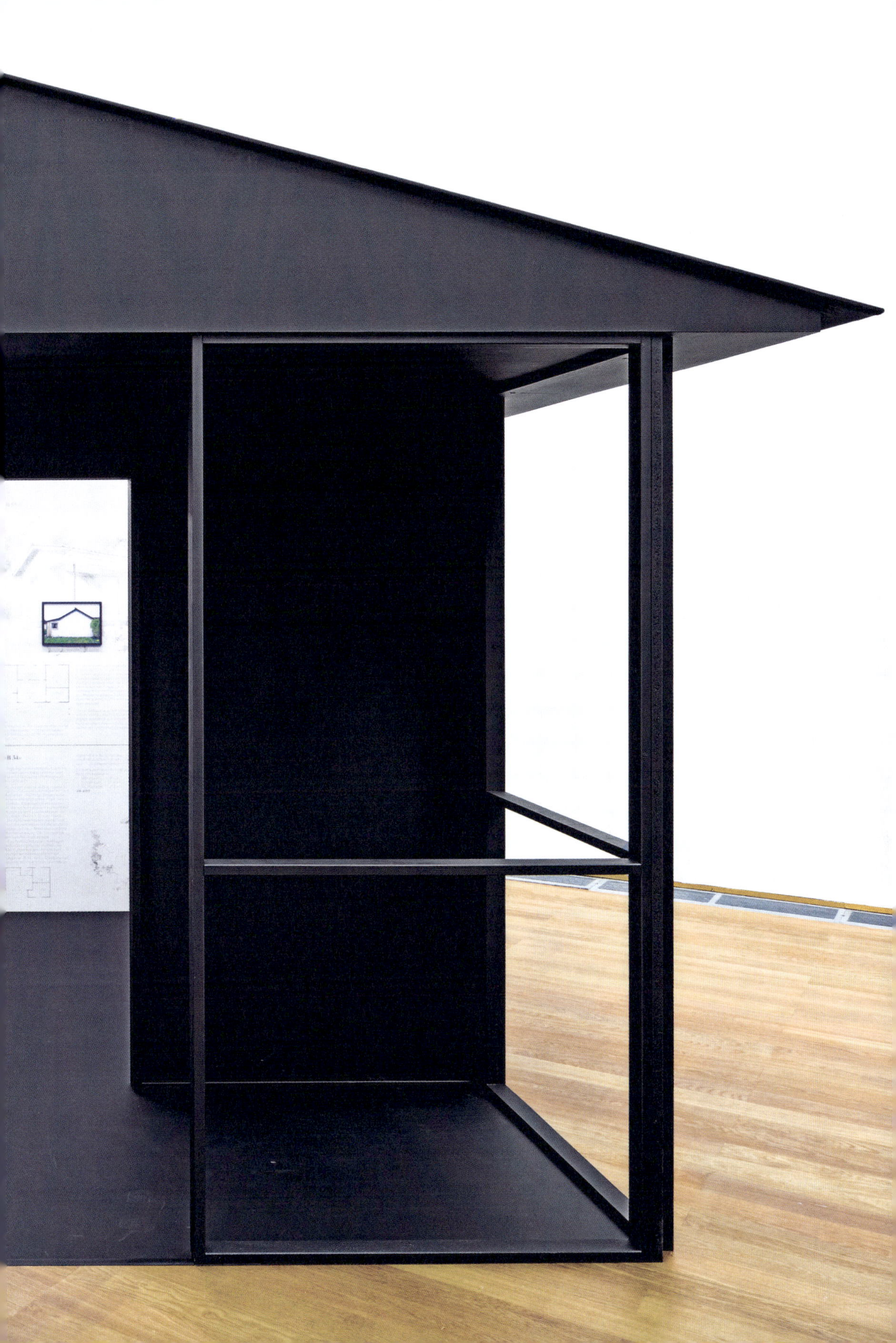

Gartenlaube «GL 17»

Gartenlaube «GL 14»

Gartenlaube «GL 14»
Vielseitige Nutzbarkeit vom Aufbau und dem räumlichen Angebot her zeichnet diese Laube mit einer Raumhöhe von 2,1 m aus. Witterungsbeständigkeit und Langlebigkeit des eingesetzten Montagematerials wurden bei der Konstruktion berücksichtigt. Die Dacheindeckung besteht aus Wellbittafeln. Das Satteldach aus freitragenden genagelten Brettbindern hat eine Neigung von 30%. Das Terrassengeländer besteht aus 2 Brüstungsbrettern.
Einsatzmöglichkeit auf Standorten mit Höhenlagen bis 450 m (im Harz 375 m) über NN

Raumaufteilung der 17,1 m² Nutzfläche:
A Aufenthaltsraum 12,9 m²   B Abstellraum 1,4 m²
C Freisitz 2,8 m²
38.606   1.435,-

Gartenlaube «GL 19»

Gartenlaube «GL 19»
In gleicher Bauart wie die «GL 14» können wir auch die etwas größere «GL 19» mit einer Nutzfläche von 21,4 m² anbieten. Der Aufenthaltsraum ist hier in zwei Räume zu je 8,6 m² aufgeteilt.
38.616   1.990,-

Andrea Pichl, Zeichnungen aus der Serie / drawings from the series *Dogmen*, 2022, Buntstift auf Papier, gerahmt / colored pencil on paper, framed, je / each **22,5 × 31,5 cm**, Ausstellungsansicht / installation view *Andrea Pichl. Wertewirtschaft / Values of Economy*, Hamburger Bahnhof – Nationalgalerie der Gegenwart, Berlin, 2024/25

Bungalow «B 55»

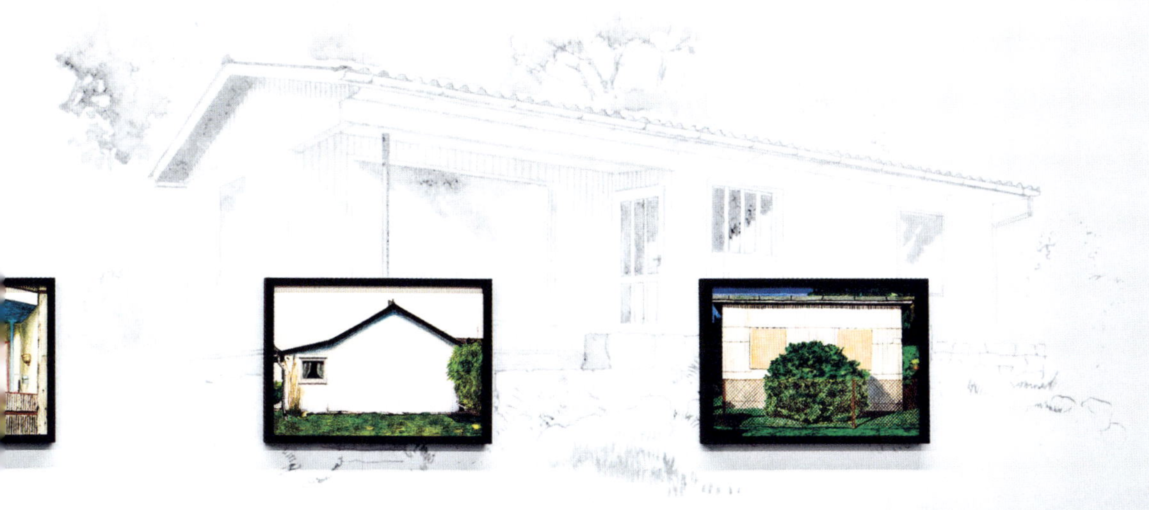

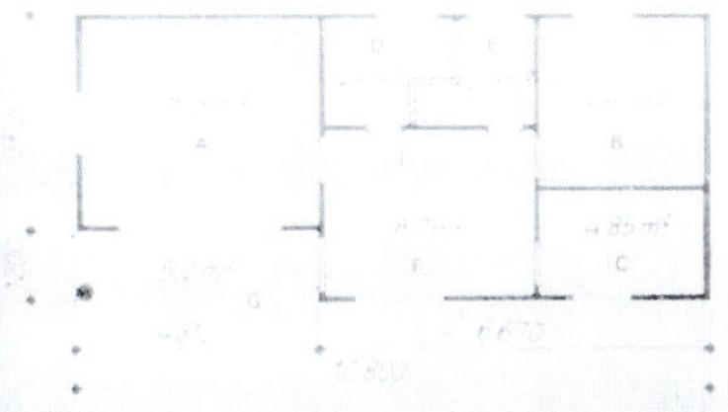

Bungalow «B 55»

Einen idealen und gemütlichen Freizeitaufenthalt bietet dieser Bungalow aus Fertigteilen mit einer bebauten Fläche einschließlich Freisitz von 54.68 m² und einer Raumhöhe von vollen 240 cm.

Mit der vom Hersteller gelieferten Bau- und Montage-Anleitung läßt sich dieser Bungalow in Selbst-Montage errichten, wobei zum Lieferumfang die Fertigteile ab Oberfundament gehören. Nicht eingeschlossen sind die Panoramascheibe, die Verglasung des Dielenfensters sowie der Eingangstür. Ebenso ist die Installationswand Küche/Bad nicht inbegriffen. Sie ist bauseits aus Mauerziegelwerk zu errichten. Das Satteldach mit einer Neigung von 25% wird aus freitragenden Brettbindern gebildet.

Dieser Bungalow ist auf Standorten mit Höhenlagen bis 450 m (im Harz bis 375 m) über NN einsetzbar. Die Wände bestehen aus vorgefertigten Elementen, in die Fenster und Türen montiert sind. Die Elemente sind raumhoch und haben eine Breite von ca. 1.20 m. Die Außenwände sind 87 mm dick und bestehen aus einem Holzrahmen mit Wärmedämmstoffüllung. Sie sind außen mit Asbestzementplatten und innen mit Gipskartonplatten beschichtet. Für die Innenwände werden leichte Mehrschichtelemente verwendet. Die Decke und der Fußboden werden aus Spanplatten gebildet. Die Dacheindeckung besteht aus Asbestzementwelltafeln.

Raumaufteilung

A	Wohnzimmer	15.30 m²	B Schlafzimmer	9.35 m²
C	Kinderzimmer	4.85 m²	D Küche	4.30 m²
E	Bad	2.90 m²	F Diele	8.70 m²
G	Terrasse	5.20 m²		

38.105   **13.400,-**

Bungalow «B 34»

Anspruchsvollen Erholungssuchenden bietet sich mit diesem Bungalow ein wohnliches Wochenend- und Urlaubsheim an, sowohl in Bungalow-Siedlungen als auch am individuellen Standort.

Die überdachte Eingangsterrasse gestattet ungestörten Aufenthalt im Freien und verleiht dem Haus ein geschmackvolles Aussehen. Durch die Verwendung von kaschierten Deckenelementen erhält es ein besonders attraktives Aussehen. Es verfügt über 5 plasteummantelte Fenster, die mit Vorsatzladen komplettiert sind. Auch dieser Bungalow wird aus raumhohen vorgefertigten Einzelbauteilen (Breite 1.20 m) in Handmontage errichtet. Die Außenwandtafeln sind 67 mm dicke leichte Mehrschichtenelemente mit Deckschichten aus Hartfaserplatten und einer Mittellage aus Polystyrolschaum zur Wärmedämmung. Die Dacheindeckung besteht aus Wellbittafeln oder Asbestzement-Welltafeln. Das Satteldach ist aus freitragenden genagelten Brettbindern gefertigt und hat eine Neigung von 25%. Der Fußboden gehört nicht zum Lieferumfang. Empfohlen wird Zementestrich auf Unterbeton. Der Bungalow «B 34» ist für Standorte mit Höhenlagen bis 450 m (im Harz bis 375 m) über NN geeignet. Dank der guten Bau- und Montage-Anleitung ist der Aufbau relativ einfach – auch in Selbst-Montage – zu bewerkstelligen.

Die bebaute Fläche beträgt 36,1 m² und aufgeteilt ist dieser Bungalow in

A	Wohnraum	9.6 m²	B Schlafraum	7.1 m²
C	Schlafraum	7.8 m²	D Küche	2.8 m²
E	WC/Dusche	2.2 m²	F Terrasse	4.3 m²

38.205   **8.280,-**

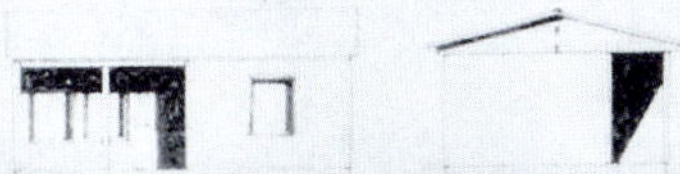

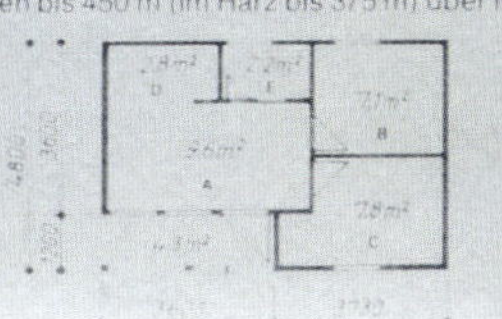

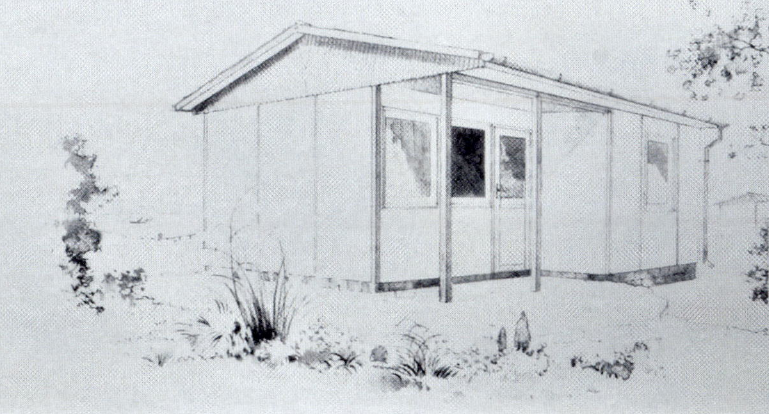

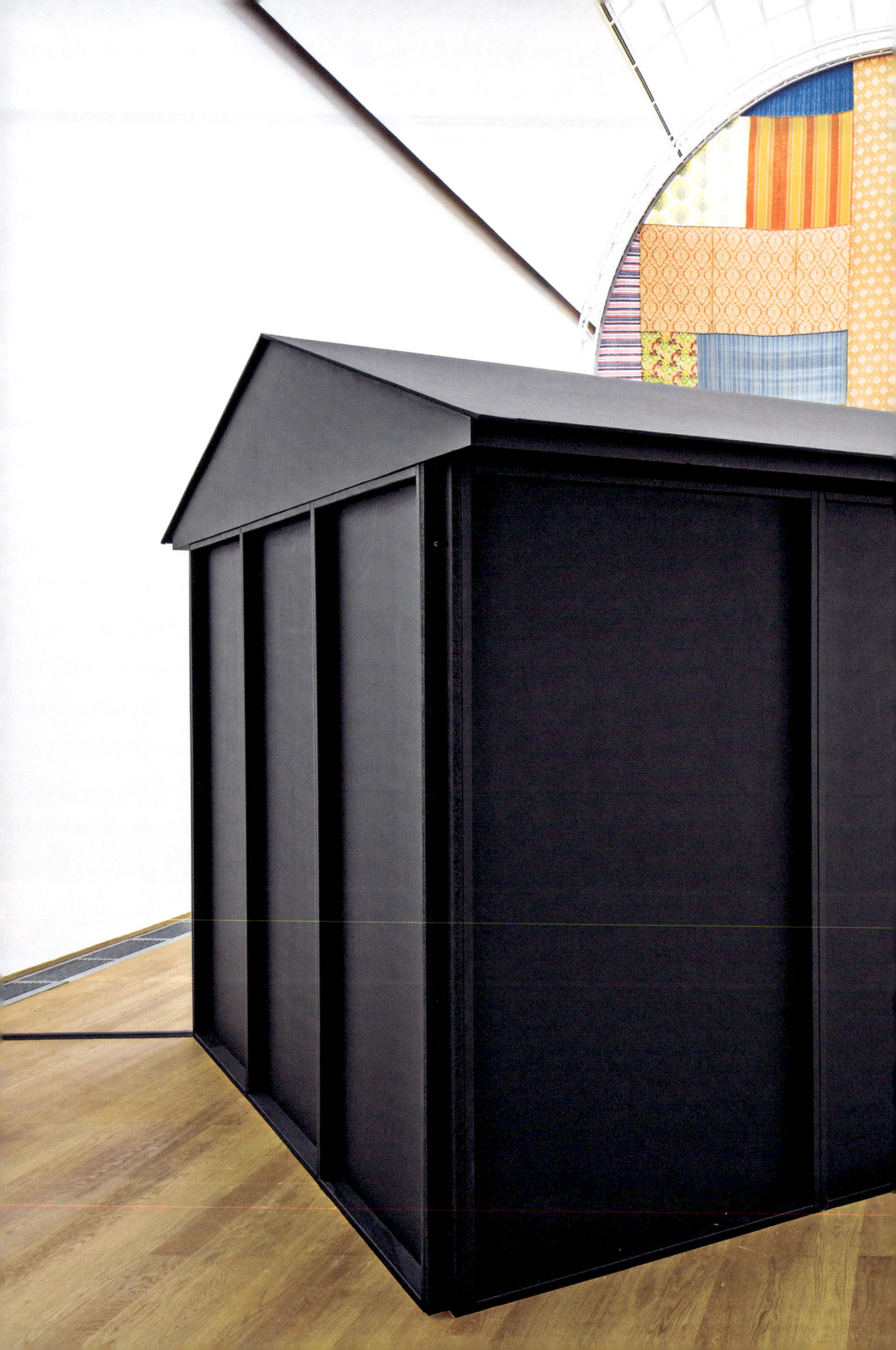

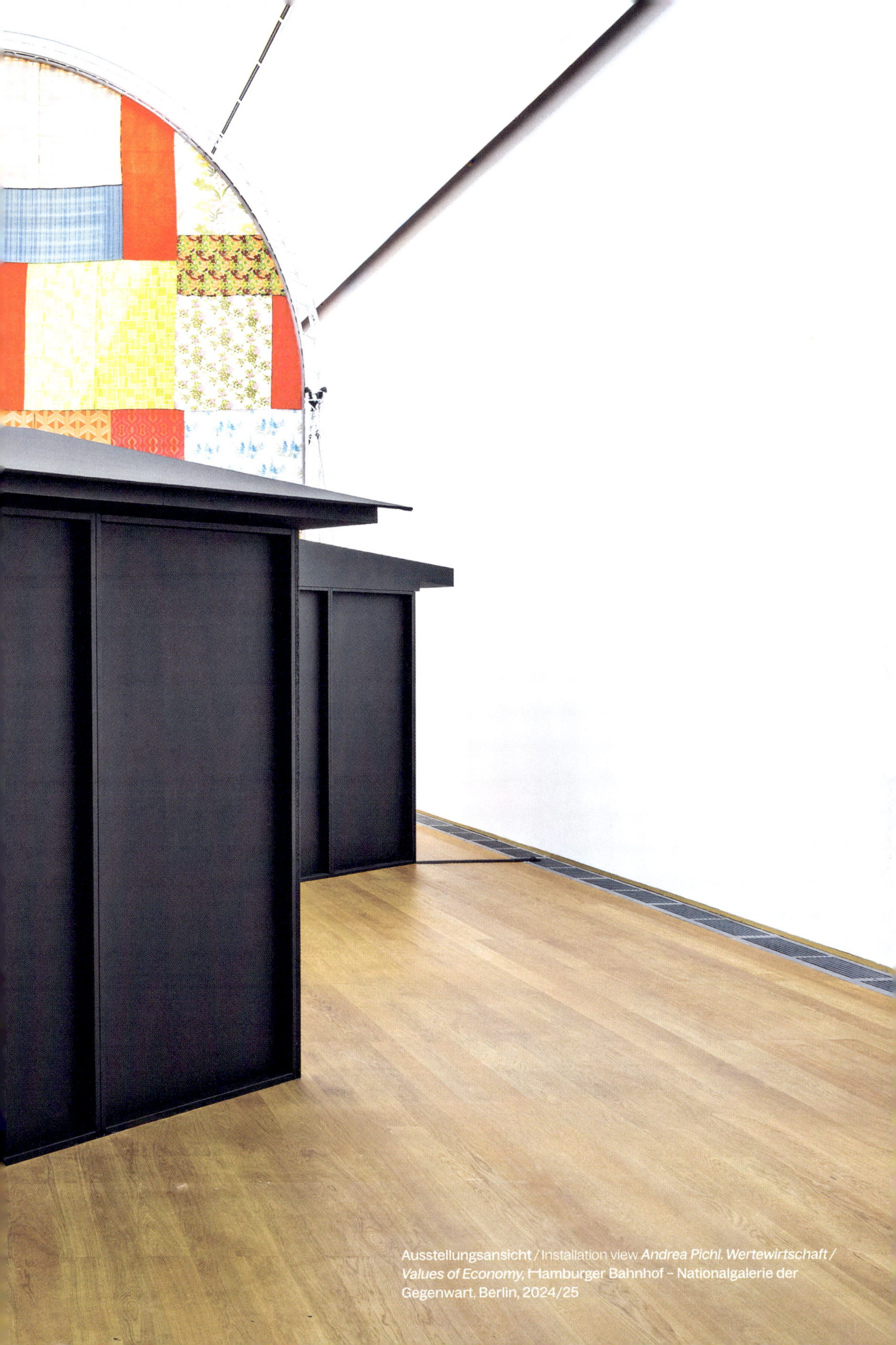

Ausstellungsansicht / Installation view *Andrea Pichl. Wertewirtschaft / Values of Economy*, Hamburger Bahnhof – Nationalgalerie der Gegenwart, Berlin, 2024/25

Wie aus dem Westen / Just like in the West

Zur Dialektik von Genormtem, Seriellem und Ideologischem – anhand einiger Arbeiten von Andrea Pichl / The Dialectic of Standardization, Seriality, and Ideology in the Work of Andrea Pichl

Peter Richter

Wenn im Sprachgebrauch der DDR jemand des Snobismus bezichtigt werden sollte, geschah das zum Beispiel dadurch, dass es hieß, derjenige ließe sich am Ende sogar die SED-Zeitung *Neues Deutschland* für ‚Westgeld' über Genex liefern. Das Image eines systemerhaltenden Dekadenzphänomens war dieser Außenhandelsfirma tief eingeschrieben, weil sie im Alltag den wahren Charakter der DDR als Zweiklassengesellschaft sichtbar machte: Der fundamentale Unterschied bestand zwischen denen mit Zugang zu ‚Westgeld' und denen ohne.[1] Normatives Ziel war eine Gesellschaft ohne. Die Normalität war aber eine mit. Und der Unterschied zwischen beidem, also dem Normativen und dem, was am Ende als normal galt, scheint sich auch wie ein roter Faden des Interesses durch das

In the German Democratic Republic (GDR), if you wanted to accuse someone of snobbery, you might remark that the person ordered even the communist party newspaper *Neues Deutschland* [New Germany] from Genex for West German currency. The image of system-complicit decadence was deeply inscribed into the international mail-order company Genex, since it revealed in everyday life the true character of the GDR as a two-tiered society: the fundamental distinction was between those with access to West German currency and those without.[1] The normative goal was a society without; the

Werk der Künstlerin Andrea Pichl zu ziehen.[2] Er rührt tatsächlich aus der Geschichte der Normierung, die zum seriellen Bauen führen wird – aber eben auch die Grundlage von Versandhäusern mit ihren Bestellkatalogen ist.[3]

Dazu gehörte auch die Genex Geschenkdienst-GmbH, die 1956 von der Regierung der DDR ins Leben gerufen wurde, um ihre teilungsbedingte Spezialsituation innerhalb des Ostblocks wenigstens finanziell produktiv zu machen. Viele DDR-Bürger hatten nun einmal Angehörige oder ererbtes Eigentum in der Bundesrepublik. Es ging darum, Gelder

normal reality, however, was one with. And the difference between the two—between the normative and what ultimately came to be considered normal—also seems to run like a red thread through the work of the artist Andrea Pichl.[2] This interest arises from the history of standardization—which not only led to serial architecture, but also provided the basis for mail-order companies with their catalogs.[3]

Among the latter was the gift service company Genex Geschenkdienst-GmbH, founded by the East German government in 1956 in an effort to derive at least some financial benefit from their special situation within the Eastern bloc as part of a divided nation. Many citizens of the GDR had relatives or had inherited property in West Germany. The goal was to bring internationally

---

1 Der Genex-Katalog des Jahres 1977 zeigte auf dem Cover noch kleine Bildquadrate, in denen in aller Sachlichkeit Beispielbilder für die verschiedenen Produktkategorien abgebildet waren, die bestellt werden konnten, Kleidung, Unterhaltungselektronik usw. Später wurden die Glücksversprechen auf den Titelbildern von Darstellern vorgelebt, die im Habitus betont ‚westlich' auftraten: Musterfamilien im Zustand materieller Maximalbeglückung, Kinder mit Kassettenrekorder von SANYO auf der Schulter, Väter als exakte Kopien von Privatdetektiv Tom Selleck in der (West-)Fernsehserie *Magnum*, Mütter mit Coca-Cola und Martini im Einkaufskorb (so auf dem Titelbild von 1986), alle versammelt hinter einem Wartburg 353, der trotz 1985 erfolgtem Facelift doch sehr eindeutig ein DDR-Auto aus den mittleren 1960er-Jahren blieb.

2 Pichls in der Rostocker Kunsthalle 2023 gezeigte Ausstellung zum Kiosk als komplexe Sozialarchitektur, genauer zu Phänomenologie und Typologie des typischen Zeitungskiosks des Postzeitungsvertriebs (PZV) in der DDR als kommunales Regenschutzdach mit Verkaufsbüdchen, rief zumindest Zeitzeugen auch in Erinnerung, dass das einzige, was es dort immer gab, was nie ausverkauft war und auch nie zur begehrten ‚Bückware' unterhalb des Ladentischs wurde, tatsächlich das Neue Deutschland war, dessen Auflage allem Papiermangel zum Trotz offensichtlich immer weit über der tatsächlichen Nachfrage gehalten wurde.

3 Die frühen Versuche der Normung schlagen sich etwa nieder in den vielen ‚Normalkirchen' oder ‚Normalschulen' der Schinkelzeit. Den deutschen DIN-Normen als direktes Kind der Kriegswirtschaft des Ersten Weltkriegs entsprachen in der DDR TGL-Normen, die im Interesse des Außenhandels oft deckungsgleich waren, aber Gesetzesrang hatten, also tatsächlich normativ waren. Vgl. hierzu auch: Ute Gerhard & Jürgen Link, ‚Normativ' oder ‚normal'? Diskursgeschichtliches mit Blick auf das ‚Neue Bauen'" in: Walter Prigge (Hg.), Ernst Neufert – Normierte Baukultur, Ausst.-Kat. Stiftung Bauhaus Dessau (Frankfurt a.M. / New York: Campus Verlag, 1999), S. 313–328.

---

1 The cover of the 1977 Genex catalog still showed small, square images with straightforward, objective depictions of the various product types available for order: clothing, entertainment electronics, etc. Later, the title illustrations portrayed emphatically 'Western'-looking models acting out the promise of happiness: model families enjoying maximum material comfort, children shouldering cassette recorders by SANYO, fathers as lookalikes of the private detective Tom Selleck in the (Western) TV series *Magnum, P.I.*, mothers with Coca-Cola and Martini in their shopping basket (as in the title image from 1986)—all assembled behind a Wartburg 353, an automobile which despite its 1985 facelift was still obviously an East German car from the mid-1960s.

2 Pichl's *Kiosk*, exhibited at the Kunsthalle in Rostock in 2023, explored a complex form of social architecture, specifically the phenomenology and typology of the typical East German newspaper kiosk, the *Postzeitungsvertrieb* (PZV), as a communal rain shelter with sales counter. The work also prompted contemporary witnesses to recall that the only item that never sold out and never became coveted bottom shelf goods hidden under the shop counter was the government newspaper *Neues Deutschland*, which, despite paper shortages, was always issued in quantities far exceeding the actual demand.

3 Early efforts at standardization include the many 'normal churches' and 'normal schools' of the Schinkel era. The German DIN standards, as the direct offspring of the war economy of World War I, found their equivalent in the TGL standards of the GDR; in the interest of foreign trade, the latter were often congruent with the former, but were enforced by law and thus were in fact normative. Cf. Ute Gerhard & Jürgen Link, "'Normativ' or 'normal'? Diskursgeschichtliches mit Blick auf das 'Neue Bauen'" in: Walter Prigge (ed.), *Ernst Neufert – Normierte Baukultur*, exh. cat. Stiftung Bauhaus Dessau (Frankfurt a.M. / New York: Campus Verlag, 1999), pp. 313–28.

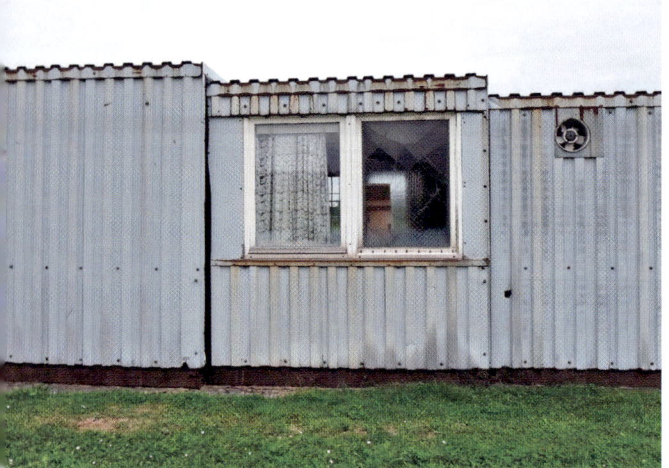

Andrea Pichl, *Zeitgeist*, 2024, Maße variabel / dimensions variable, Videoprojektion / video projection, 12 Min. (Loop), Videostandbild / video still

in der international konvertierbaren D-Mark in die Staatskasse zu bekommen. Allerdings nicht nur, indem Konsumgüter aus der BRD als Geschenksendungen in die DDR geschickt wurden – sondern auch Güter, die eigentlich in Mark der DDR zu haben waren, allerdings nur schwer und nach jahrelangen Wartezeiten. Hier wurde mit harter Währung die schnellere Verfügbarkeit bezahlt. Automobile waren ein typisches Beispiel. Ein anderes aber waren Immobilien: die sogenannten Genex-Häuser (drei Varianten, Sattel- oder Walmdach, mit Keller oder ohne) und Genex-Wochenend-häuschen (ebenfalls mehrere Varianten). Diese Bauten sind heute in Ostdeutschland noch viel zu sehen. Sie prägen ältere Eigenheim- und Wochenendhaus-Siedlungen, mitunter sogar direkt im Schatten der Plattenbau-riegel, die gemeinhin für den Wohnungsbau der DDR stehen.[4]

Dass die Künstlerin Andrea Pichl für ihre Ausstellung *Wertewirtschaft* im Hamburger

convertible D-marks into the state coffers—not only by allowing West German consumer goods to be sent as gifts to the GDR by customers in the Federal Republic, but also through the sale of merchandise that could be acquired with East German marks, though only with difficulty and after years of waiting. Here, quicker availability could be purchased with hard currency. Automobiles were a typical example, but so was real estate: the so-called Genex houses in three variations (gabled or hipped roof, with cellar or without) and the Genex weekend cottages, also available in several versions. Today, these houses can still be seen in many places in Eastern Germany. They define the image of older residential and vacation-home developments, sometimes in the very shadow of the prefabricated apartment tracts commonly associated with housing construction in the GDR.[4]

In her exhibition *Wirtschaftswerte / Values of Economy* at Hamburger Bahnhof, artist Andrea Pichl once again reminds us of the phenomenon of the Genex catalogs and confronts us with the architecture of the Genex bungalows. This is significant in a number of respects: first, of course, it is a response to the series and installation *Wirtschaftswerte* [Economic Values] by Joseph Beuys, which gave expression not least of all to a Western fascination with the 'impoverished aesthetic' of GDR products by illuminating those same products as if they were Western ones. But it also touches on the larger theme of serial architecture, which Pichl has long explored precisely from the standpoint of its ideological ambivalences and

---

4 In dem DEFA-Film *Die Legende von Paul und Paula* von 1973, der nicht nur ein anrührendes Liebesdrama erzählt, sondern auch viel über die Architektur- und Sozialgeschichte der mittleren DDR, steht der Plattenbaublock für den technokratischen Funktionär Paul, der bröckelnde Altbau für die romantische Paula, die Welt der Genex-Eigenheime und Bungalows aber wird repräsentiert von dem ‚Reifenfritzen' Saft, dem handwerkernden Privatunternehmer und Dingebesorger, der hier als in jeder Hinsicht veraltet gezeichnet wird, aber ohne den es eben auch nicht rundläuft.

---

4 The East German DEFA film *The Legend of Paul and Paula* from 1973 not only tells a touching love story, but also reveals much about the architectural and social history of the middle GDR. Here the prefabricated apartment block stands for the technocratic functionary Paul, while the crumbling old house is associated with the romantic Paula. The world of Genex homes and bungalows, in turn, is represented by the 'grease monkey' Saft, a handyman entrepreneur and procurer of things who is portrayed as antiquated in every way, but without whom nothing runs smoothly.

Bahnhof das Phänomen der Genex-Kataloge noch einmal in Erinnerung ruft und die Architektur der Genex-Bungalows wieder vor Augen stellt, ist in mehrfacher Hinsicht konsequent: Es ist, erstens, natürlich eine Antwort auf Joseph Beuys' Serie und Installation *Wirtschaftswerte*, aus der nicht zuletzt eine westliche Faszination für die ‚ärmliche Ästhetik' von DDR-Produkten sprach, indem hier umgekehrt selbst diese DDR-Produkte so illuminiert werden, als wären es westliche. Aber es berührt eben auch das große Thema von serieller Architektur, das Pichl seit Langem gerade unter dem Aspekt seiner ideologischen Ambivalenzen und dialektischen Volten bearbeitet, sei es Installationen und Skulpturen, die die damaligen Verhältnisse auch in ihrer räumlichen „Weite und Vielfalt"[5] wieder vor Augen

dialectical sleights of hand—whether in installations and sculptures that evoke the conditions of that time in their spatial "breadth and variety,"[5] or by creating colored-pencil drawings in a style that is at best familiar from picturesque scenes of old towns, but is hardly associated with the architectural details of the new housing districts of the GDR.

Finally, houses available by mail order also touch on the origins of the industrialization of architecture. In Buster Keaton's first major film, *One Week* from 1920, the kit house he receives as a wedding gift from an uncle and is unable to assemble likewise comes from a catalog.[6] In principle, the genealogy could be traced back to antiquity, but it was in the nineteenth century that the development really picked up speed. The industrialization of the West brought with

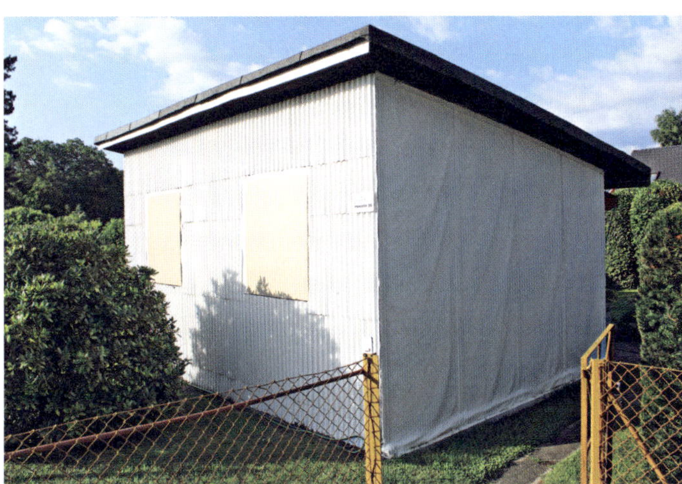

Andrea Pichl, *Zeitgeist*, 2024, **Maße variabel** / dimensions variable, **Videoprojektion** / video projection, **12 Min. (Loop), Videostandbild** / video still

---

5 So lauteten schließlich die kulturpolitischen Vektoren, die vom VIII. Parteitag der SED 1971, dem ersten unter Erich Honecker als Machthaber, ausgegeben wurden; kurz darauf wurde das Wohnungsbauprogramm implementiert, das bis 1990 „die Wohnungsfrage als soziale Frage" lösen sollte, und zwar vornehmlich durch seriellen Wohnungsneubau, vulgo: Plattenbau.

5 The phrase designated the cultural-political vectors issued by the VIIIth Congress of the East German Communist Party (SED) in 1971, the first to take place under the leadership of Erich Honecker; shortly thereafter, the housing program was implemented that would allegedly solve "the housing question as a social question" by 1990, primarily through the serial construction of new apartments—in other words, prefabricated housing blocks.

6 Today, this slapstick comedy seems to prefigure the fate of all who struggle to piece together ready-to-assemble furniture from companies like Ikea; in reality, however, it was a parody of Home Made, a 1919 documentary advertising the industrial production of prefabricated houses.

stellen, sei es, dass sie mit Buntstiften Zeichnungen davon anfertigt, wie man sie bestenfalls von als pittoresk geltenden Altstadtszenarien kennt, kaum jedoch von Baudetails der DDR-Neubauvierteln.

Häuser, die bestellt und geliefert werden können, rühren schließlich an die Ursprünge der Industrialisierung des Bauens. Auch das Haus, das Buster Keaton in seinem ersten großen Kinofilm *One Week* (dt. *Flitterwochen im Fertighaus*) 1920 zur Hochzeit von einem Onkel geschenkt bekommt und dann nicht richtig zusammengebaut bekommt, ist letztlich schon eins aus dem Katalog.[6] Man könnte die Genealogie prinzipiell auch bis in die Antike zurückverfolgen, aber es ist das 19. Jahrhundert, in dem die Entwicklung wirklich Fahrt aufnimmt. Die Industrialisierung des Westens hat auch Bemühungen um die Industrialisierung des Bauens zur Folge. Es dürfte allerdings schwerfallen, der Sache hier bereits die emanzipatorischen Potentiale zu attestieren, die das Neue Bauen ihr im 20. Jahrhundert zuschreiben wird. Eher verbindet sich damit etwas, das heute gern als Siedlerkolonialismus bezeichnet wird. Die ersten serienmäßig aus standardisierten und transportfähigen

it efforts to industrialize architecture; however, the emancipatory potential that would later be attributed to this endeavor by the *Neues Bauen* [New Building] movement in the twentieth century would probably be difficult to identify at this early stage. Instead, such architecture was more closely associated with what is now often described as settler colonialism. The first serially produced houses with standardized, transportable elements for self-assembly by laymen were developed by Herbert Manning in London as early as the 1830s for use in British colonies. Similarly, the light wood frame architecture then known in North America as "balloon frame" construction served not least of all to facilitate the rapid occupation of land. Early prefabricated housing systems further rationalized this technique through the standardization of building components.[7] But both the Manning Portable Colonial Cottages and the wooden houses in America generally had a quaint gabled roof and at least one covered veranda, often with supports that could be interpreted as slender reminiscences of antique columns. Echoes of these traditionalistic elements still recur in the prefabricated houses and especially the

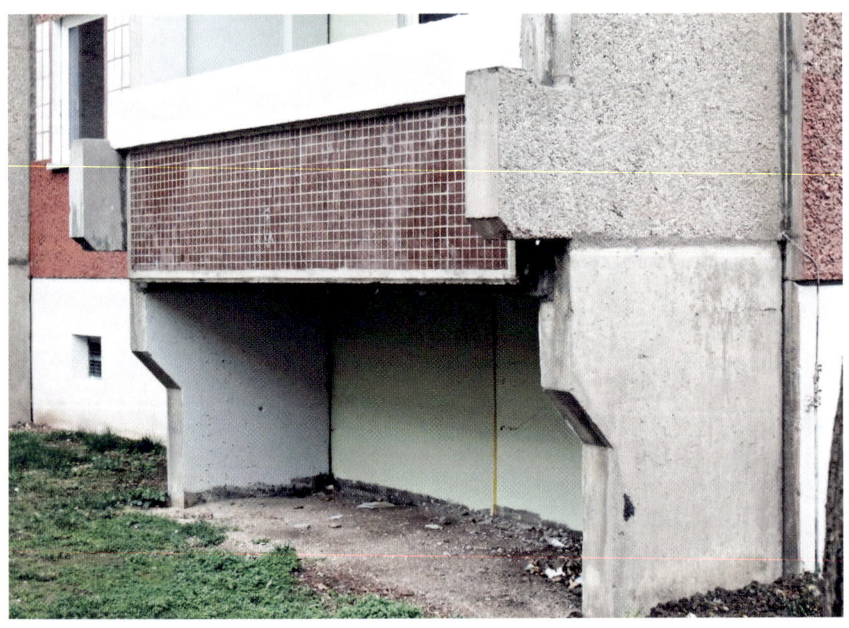

Andrea Pichl, *Zeitgeist*, 2024, Maße variabel / dimensions variable, Videoprojektion / video projection, **12 Min. (Loop)**, Videostandbild / video still

Teilen gefertigten Häuser zur Selbstmontage durch Ungelernte wurden immerhin in den 1830er-Jahren von Herbert Manning in London für den Einsatz in den britischen Kolonien entwickelt. Auch die leichte Holzrahmenbauweise, die damals in Nordamerika als *Balloon Frame* bekannt wurde, diente nicht zuletzt der schnellen Landnahme. Frühe Fertighaussysteme hatten diese Technik durch normierte Bauteile dann noch weiter rationalisiert.[7] Aber beides, die Manning Portable Colonial Cottages wie die amerikanischen Holzhäuser hatten

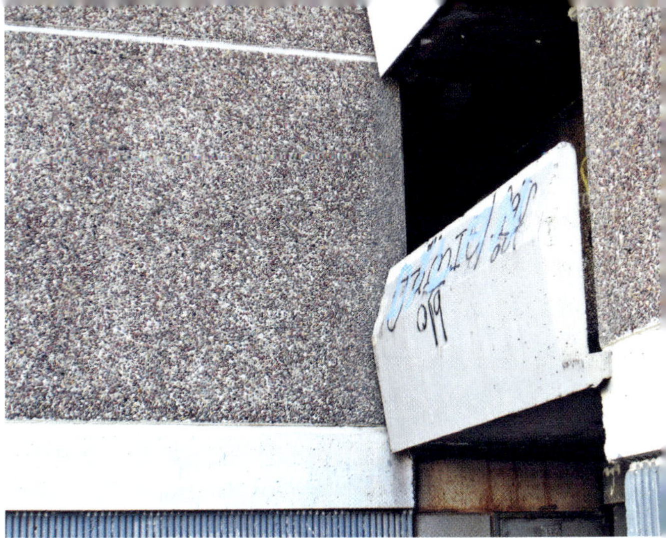

Andrea Pichl, *Zeitgeist*, 2024, Maße variabel / dimensions variable, Videoprojektion / video projection, **12 Min. (Loop)**, **Videostandbild** / video still

in der Regel ein gemütvolles Satteldach, mindestens eine regengeschützte Veranda und dort oft Stützen, die als schlanke Reminiszenz antiker Säulen lesbar waren. Echos dieser traditionalistischen Elemente finden sich wiederum noch in den Fertighäusern und vor allem Bungalows, die über Genex auf Grundstücke der DDR bestellt werden konnten.

Die Häuser wiederum, die als erste Plattenbauten der Geschichte gelten, weil sie aus geschosshoch vorfabrizierten Bauelementen zusammengesetzt waren, wurden zwar technologisch zum direkten Vorbild der ersten Berliner Siedlung, bei der in den 1920er-Jahren mit industrialisiertem Wohnungsbau experimentiert wurde.[8] Aber ursprünglich stammte das dort verwendete Bausystem aus Grosvenor Atterburys Forest Hills Gardens auf Long Island in New York, und das war das Imitat einer englischen Gartenstadt im Tudor-Stil,

bungalows that could be ordered from Genex for plots of land in the GDR.

Such houses, in turn—the first prefabricated dwellings in history, since they were assembled from story-high, pre-manufactured structural elements—served as the direct model, technologically speaking, for the first Berlin residential developments of the 1920s with their experiments in industrialized housing construction.[8] Originally, however, the architectural system used there came from Grosvenor Atterbury's Forest Hills Gardens on Long Island in New York, an imitation of an English garden city in the Tudor style, conceived as an American Wimbledon[9]—most definitely not a place, in other words, whose outward appearance would have professed allegiance to the Fordism of assembly-line housing production or the aesthetic of rationalistic modernism.

At the end of the GDR, however, things came full circle when, after decades of criticism for their monotony, efforts were made to

---

6 Die Slapstick-Komödie wirkt heute wie ein Vorschein auf das Schicksal all derer, die an Möbeln zum Selberzusammenbauen von Ikea o.ä. scheitern. Tatsächlich war es aber eine Persiflage auf einen werbenden Dokumentarfilm über die industrielle Produktion von Fertighäusern mit dem Titel *Home Made* von 1919.

7 Am bekanntesten: das der Hodgson Company aus Massachusetts.

8 Die erst später zu ihrem heutigen Namen gekommene Splanemann-Siedlung in Friedrichsfelde gehörte zu den bautechnisch avanciertesten Siedlungen unter der Ägide von Martin Wagner, sie ist nur leider weniger bekannt als etwa die Hufeisensiedlung u.ä.

---

7 The most famous were those of the Hodgson Company in Massachusetts.

8 The Splanemann-Siedlung in Friedrichsfelde, which received its current name only later, was among the most structurally advanced housing developments constructed under the aegis of Martin Wagner; unfortunately, however, it is less well known than other housing estates such as the Hufeisensiedlung.

9 For details, see Peter Pennoyer & Anne Walker, *The Architecture of Grosvenor Atterbury*, New York: W. W. Norton, 2009, pp. 148ff.

konzipiert als amerikanisches Wimbledon.[9] Also definitiv kein Ort, der sich äußerlich zum Fordismus fließbandmäßiger Wohnraumproduktion und zur Ästhetik der rationalistischen Moderne bekannt hätte.

Dafür schließt sich am Ende der DDR ein Kreis, als der Plattenbau nach Jahrzehnten der Monotonie-Kritik ‚individualisiert' und in die tradierten Stadtgefüge eingepasst werden sollte. Das Ergebnis hier waren zum einen historisierend gestaltete Plattenbauten, die sich nicht unwesentlich an den neobarocken Satellitenstädten des Spaniers Ricardo Bofill in Frankreich orientierten und innerhalb der Architekturszene der DDR durchaus den Vorwurf des Verrats an der Moderne auf sich zogen.[10] Das andere waren die Versuche, historisierend dimensionierte Plattenbauten in die Straßenraster der Altstädte einzupassen, etwa in der Spandauer Vorstadt oder dem Nikolaiviertel von Berlin. Als Andrea Pichl die Baulücken, die sich dabei zwischen Alt- und Neubauten ergaben, im Maßstab 1:10 nachgebildet hat, ergab das Skulpturen, die natürlich auch von den Lücken zwischen Anspruch und Wirklichkeit erzählen.[11]

Nur: In der Phase, in der das industrielle Bauen technologisch und ästhetisch im Zuge der Hochmoderne ganz zu sich selbst finden konnte, waren die Widersprüche nicht unbedingt kleiner. Die Versuche am Bauhaus, die

'individualize' the prefabricated housing tracts and integrate them into the traditional structure of the city. What resulted first of all were prefabricated apartment blocks designed in a historicizing style, which bore a notable resemblance to the neo-Baroque satellite cities of the Spanish architect Ricardo Bofill in France and drew accusations of a betrayal of modernism from the architecture scene of the GDR.[10] The other consequence was an attempt to give prefabricated housing blocks historicizing dimensions and integrate them into the street grid of the old cities, for example in the Scheunenviertel or the Nikolaiviertel in Berlin. When Andrea Pichl replicated the resulting gaps between old and new buildings on a scale of 1:10, it produced sculptures that naturally also reveal the gaps between promise and reality.[11]

Except: During the phase of high modernism, when industrial building came into its own technologically and aesthetically, the contradictions were not necessarily smaller. The efforts of the Bauhaus to industrialize the construction of housing elements and ultimately of entire houses, especially under Walter Gropius, still ran up against the economic and legal constraints of the day that were only fully eliminated by the crane runways of the GDR's new construction zones. Nonetheless, despite their failure to live up to their own aspirations, the former have gone down in the history of built utopias, while the latter are still often viewed as concrete dystopias.

9 Details bei: Peter Pennoyer & Anne Walker, *The Architecture of Grosvenor Atterbury*, New York: W.W. Norton, 2009, S. 148ff.

10 Vgl. Simone Hain, „Zwischen Arkonaplatz und Nikolaiviertel. Stadt als soziale Form versus Inszenierung. Konflikte bei der Rückkehr in die Stadt" in: Thorsten Scheer & Josef Paul Kleihues (Hg.), *Stadt der Architektur. Architektur der Stadt. Berlin 1900–2000*, Ausst.-Kat. Neues Museum, Berlin u.a. (Berlin: Staatliche Museen zu Berlin, 2000), S. 337–347, hier S. 342.

11 Pichls Skulpturengruppe *zwischen* (2012) bildet die funktionslosen Zwischenräume im Maßstab 1:10 in Sperrholz nach. Die Arbeit beruht auf Messungen, die der Architekt Arno Brandlhuber an solchen architekturgeschichtlichen Fugen in Berlin-Mitte angestellt hatte, wobei sich beide natürlich auf Gordon Matta-Clarks Arbeit *Reality Properties – Fake Estates* von 1973 beziehen, für die Matta-Clark 15 solcher praktisch unnutzbarer Verschnittflächen in verschiedenen Boroughs von New York als Grundeigentum erworben hatte.

10 Cf. Simone Hain, "Zwischen Arkonaplatz und Nikolaiviertel. Stadt als soziale Form versus Inszenierung. Konflikte bei der Rückkehr in die Stadt" in: Thorsten Scheer & Josef Paul Kleihues (eds.), *Stadt der Architektur. Architektur der Stadt. Berlin 1900–2000*, exh. cat. Neues Museum, Berlin et al. (Berlin: Staatliche Museen zu Berlin, 2000), pp. 337–47; p. 342.

11 In her sculptural group *zwischen* (2012), Pichl used plywood to replicate these functionless intermediate spaces on a scale of 1:10. The work was based on measurements taken by the architect Arno Brandlhuber at architectural-historical interstices of this kind in Berlin-Mitte. Both, of course, were alluding to Gordon Matta-Clark's work *Reality Properties – Fake Estates* of 1973, for which Matta-Clark purchased fifteen essentially unusable microplots of land in various boroughs of New York.

Errichtung von Hausteilen und schließlich ganzen Häusern zu industrialisieren, speziell unter Walter Gropius, waren in ihrer Zeit noch an Grenzen von Ökonomie und Eigentumsrechten gestoßen, die eigentlich erst mit den freien Kranbahnen in den Neubaugebieten der DDR grundsätzlich beiseite geräumt waren. Trotzdem sind die ersteren trotz des Scheiterns an den eigenen Ansprüchen in die Geschichte der gebauten Utopien eingegangen, letztere gelten bis heute oft eher als betongewordene Dystopien.

Dabei war das Wohnungsbauprogramm, mit dem die DDR – überwiegend durch seriellen Neubau – die „Wohnungsfrage als soziale Frage" gelöst haben wollte, noch ein vergleichsweise progressives Erbe des Bauhauses.[12] Direktere Fluchtlinien führten schließlich in und durch das NS-Regime. Ein Bauhäusler wie Fritz Ertl konnte noch bei dem Kommunisten Hannes Meyer studiert haben und trotzdem seine Kenntnisse ein Jahrzehnt später als stellvertretender Leiter der SS-Zentralbauleitung bei der Errichtung des Konzentrationslagers Auschwitz-Birkenau zur Verfügung stellen. Ein Bauhäusler wie Franz Ehrlich hingegen konnte als Kommunist von den Nazis im KZ Buchenwald inhaftiert werden, nach der Entlassung 1939 Inneneinrichtungen für SS-Heime entwerfen, in der frühen DDR den Bau von Stalinstadt planen und schließlich in den Möbelwerkstätten von Dresden-Hellerau zum Entwerfer von Typenmöbeln werden, die in ihrer passenden Dimensionierung besonders die Neubauwohnungen Ostdeutschlands zum Teil bis heute prägen.[13]

Yet the housing program through which the GDR claimed to have solved the "housing question as a social question"—primarily by means of serial construction—was still a comparatively progressive inheritance from the Bauhaus.[12] More direct lines of connection led to and through the Nazi regime. A Bauhausler like Fritz Ertl could study with the communist Hannes Meyer and, only a decade later, put his knowledge to work as deputy director of the SS-Zentralbauleitung [central construction management] for the construction of the Auschwitz-Birkenau concentration camp. A Bauhausler like Franz Ehrlich, on the other hand, could be imprisoned by the Nazis as a communist at Buchenwald, then design interior furnishings for the homes of SS officers after his release in 1939. In the early GDR, he planned the construction of Stalinstadt and ultimately designed modular furniture in the workshops of Dresden-Hellerau, whose dimensioning still characterizes the interiors of new-build apartments from the GDR era today.[13] Moreover, in her work Andrea Pichl repeatedly addresses the ambivalent role of the Bauhausler Ernst Neufert, who began his career as the student and assistant of Gropius and was later commissioned by the Nazi regime to rationalize industrial building through standardization, not least of all in order to efficiently offset the loss of housing due to the war.[14] To this day, his *Bauentwurfslehre*

---

12 Der wörtliche Bezug auf Friedrich Engels, der die Lösung der „Wohnungsfrage" (seine Schrift dazu entstand ziemlich genau 100 Jahre vorher, nämlich 1872–73) praktisch mit dem Erreichen des Kommunismus gleichgesetzt hatte, gab dem Vorhaben eine sozusagen heilsgeschichtliche Dimension.

13 Zu Ehrlich im Speziellen, siehe: Friedrich von Borries & Jens-Uwe Fischer, *Gefangen in der Titotalitätsmaschine. Der Bauhäusler Franz Ehrlich*, Berlin: Suhrkamp Verlag, 2022. Zum Bauhaus im Nationalsozialismus in weiteren Beispielen, vgl. die Ausstellung *Bauhaus und Nationalsozialismus* der Klassik-Stiftung Weimar 2024.

---

12 The literal reference to Friedrich Engels, who had practically equated the solution of the "housing question" with the attainment of communism (his text on that subject had been written almost exactly 100 years before, in 1872–73), imbued the project with a kind of sacred-historical dimension.

13 For Ehrlich in particular, see Friedrich von Borries and Jens-Uwe Fischer, *Gefangen in der Titotalitätsmaschine. Der Bauhäusler Franz Ehrlich* (Berlin: Suhrkamp Verlag, 2022). For further examples of the Bauhaus during the Nazi era, cf. the exhibition *Bauhaus und Nationalsozialismus* at the Klassik-Stiftung Weimar, 2024.

14 Pichl's installation *Palimpsest* (2024) was created at and in dialogue with the building now known as the Detlev-Rohwedder-Haus, which houses the Federal Ministry of Finance and was originally constructed as the seat of Hermann Göring's Reichsluftfahrtministerium. The work addresses themes including the standardization of industrial architecture and finally of shelters, promoted by Ernst Neufert.

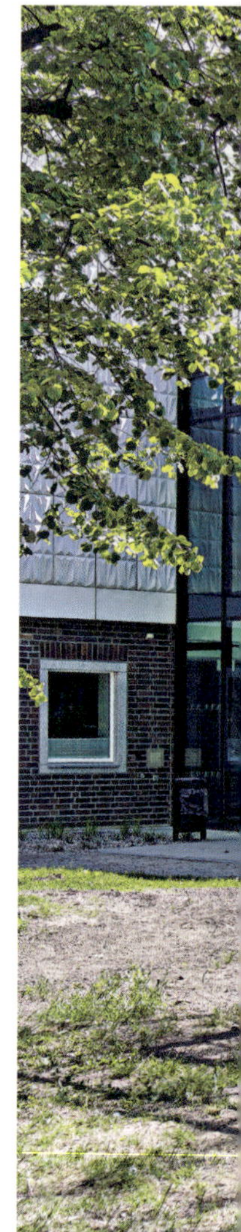

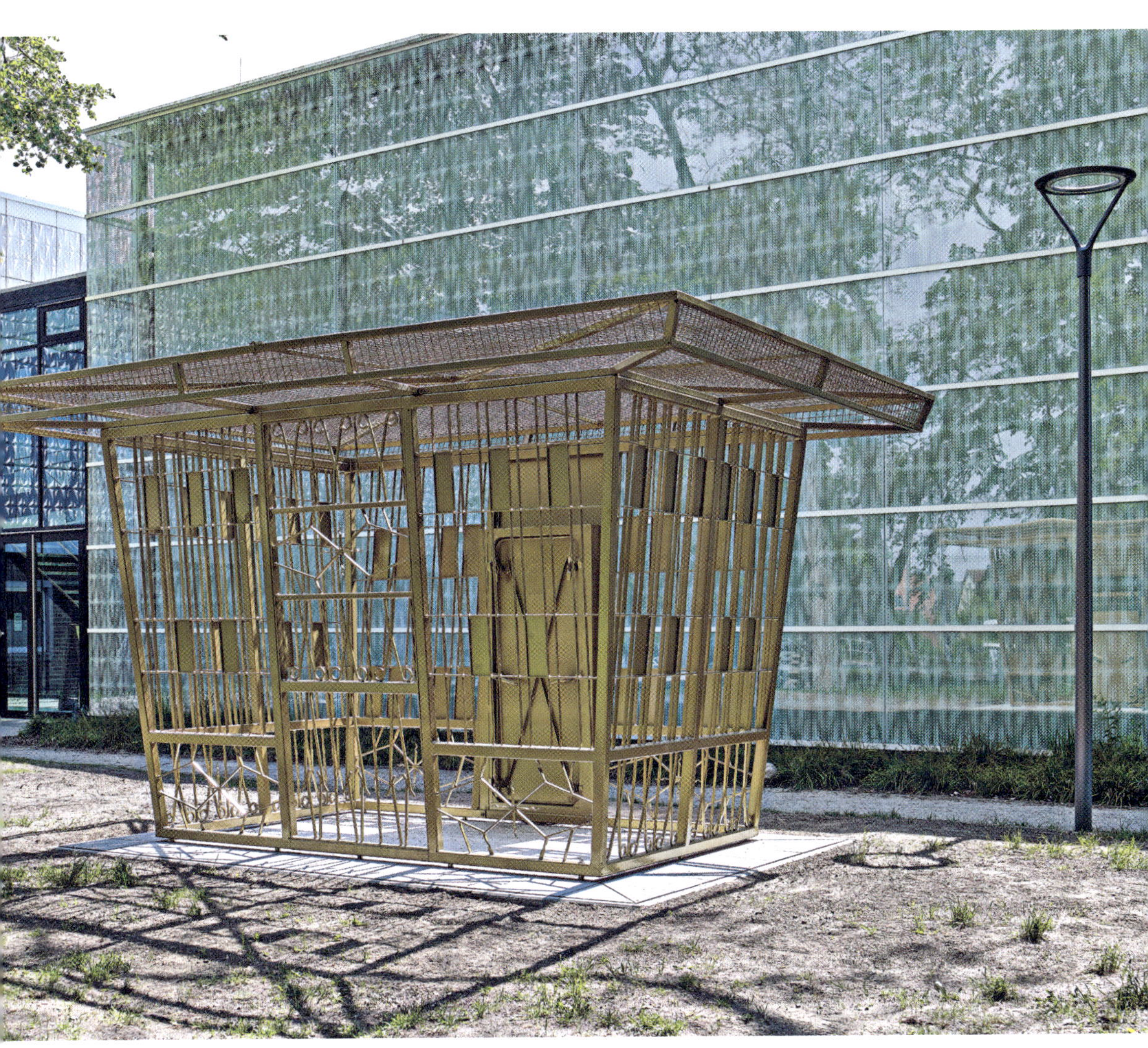

Andrea Pichl, *Kiosk – Fragmente einer Zeit*, 2023, 272,9 × 463,3 × 362,1 cm, Stahl, goldfarben pulverbeschichtet / steel, gold powder coated, **Installationsansicht** / installation view **Kunsthalle Rostock, 2023 (dauerhafte Installation** / permanent installation)

In Andrea Pichls Arbeit wiederum wird immer wieder die ambivalente Rolle des Bauhäuslers Ernst Neufert thematisiert, der erst Gropius' Schüler und Büroleiter war und später vom NS-Regime beauftragt wurde, das industrielle Baugeschehen durch Normung zu rationalisieren, nicht zuletzt um die kriegsbedingten Wohnraumverluste effizient auszugleichen.[14] Seine *Bauentwurfslehre* von 1936 ist bis heute eines der international erfolgreichsten Fachbücher für Architekten. Seine „Hausbaumaschine" für industriell errichtete Wohnriegel und seine „Behelfsheime" für „vom Luftkrieg Betroffene" sind schon formal ein Vorschein auf Plattenbauriegel und Wochenendhaus (ob von Genex oder nicht) in der DDR. Dass er nachher im Wirtschaftswunderwestdeutschland die Zentrale des Quelle-Versandhauses errichten konnte, brachte die Themen Fließband, Normung, Kommodifizierung und anschließende Distribution endgültig auf einen Nenner. Für die Begründung einer genuin sozialistischen Architektur in der DDR ergaben sich aber gerade im Wohnungsbau heikle Legitimationsprobleme sowohl durch die kontaminierte Tradition als auch durch Vergleichbarkeit zu Entwicklungen im Westen.

Das Wort von der Konvergenz war im Schwange, wurde in der DDR aber zunächst eher gefürchtet. Eine Entwicklung zu einer Industriegesellschaft jenseits der Ideologien, wie sie Konvergenztheoretiker wie Jean Fourastié und Joseph Schumpeter im Westen an die Wand gemalt hatten, lag naturgemäß nicht im Interesse der Stalinisten um Ulbricht. Die Entdifferenzierungsprognosen, die den Industrieländern beider politischer Lager in wirtschaftlicher und – etwa von dem griechischen Architekten und Stadtplaner Konstantinos Doxiades – schließlich sogar in architektonischer Hinsicht gestellt wurden, brachten die SED-Herrschaft in ein Dilemma. Denn der von der Sowjetunion oktroyierte Ansatz „schönen Bauens" und einer „national-traditionalistischen Architektur" konnte ausgerechnet von Westdeutschland aus wegen formaler Nähe zum Traditionalismus im NS diskreditiert werden. Während viele Architekten im Westen

(*Architects' Data*) of 1936 is one of the most successful architectural textbooks internationally His "house building machine" for industrially manufactured residential tracts and his *Behelfsheime* [shelters, lit. makeshift homes] for "persons affected by aerial warfare" already formally prefigure the prefabricated housing tracts and weekend homes (Genex or otherwise) of the GDR. The fact that later, amid the 'economic miracle' of West Germany, he was able to build the headquarters of the Quelle mail-order company brings the themes of assembly-line production, standardization, commodification, and distribution down to a common denominator. The founding of a genuinely socialist architecture in the GDR, however, was beset by delicate problems of legitimation, especially in the area of housing construction, due to both the contaminated tradition and the comparability to developments in the West.

Convergence theory was in full swing, but at first tended to be feared in the GDR. In the nature of the case, a development into an industrial society that transcended ideology, as convergence theorists such as Jean Fourastié and Joseph Schumpeter had projected for the West, did not lie in the interest of the Stalinists around Ulbricht. The dedifferentiation prognosticated for industrial nations of both political camps—economically, and even, as the Greek architect and urban planner Constantinos Doxiadis suggested, architecturally—posed a dilemma for the communist government. For the "beautiful design" and "national-traditionalistic architecture" mandated by the Soviet Union could in fact be discredited by West Germany on the basis of its formal resemblance to the traditionalism of the Nazi era. While many architects in the West needed only pivot from Nazi classicism to a thin-legged, organic, kidney-table modernism, their communist colleagues in the East had to make a double hairpin turn. When the return to industrialization and modernism was finally decreed by Moscow, it felt like something of a liberation in East Germany: "We did it," the director of a large government design firm happily observed in the September 1957 issue of the magazine *Deutsche Architektur* [German Architecture]:

nur vom Nazi-Klassizismus zu einer dünnbeinig-organischen Nierentisch Moderne umschwenken mussten, hatten ihre kommunistisch gesonnenen Kollegen im Osten gleich eine doppelte Kehre hinzulegen. Als aus Moskau schließlich die Rückwendung zu Industrialisierung und Moderne dekretiert wurde, wirkte das in Ostdeutschland zum Teil wie eine Befreiung: „Wir haben's geschafft", stellte der Leiter eines großen staatlichen Entwurfsbüros in der Septemberausgabe der Zeitschrift *Deutsche Architektur* 1957 glücklich fest: „Unsere Architektur können Sie von der westdeutschen nicht mehr unterscheiden."[15]

Es gehört zu der von Pichl oft bearbeiteten Dialektik der ostdeutschen Baugeschichte, dass sie gerade dadurch schließlich doch unterscheidbar wurde. Die Bauteile und Dimensionen des Wohnungsbausystems (WBS) 70, das am Ende den Großteil des Neubaubestands in der DDR bilden sollte, sind schon sehr spezifisch. Die Einraum-, Zweiraum- und Vierraumwohnungen des WBS 70 haben das Bild von Ostdeutschland und die räumliche Erfahrung seiner Einwohner geprägt, tun es zum Teil bis heute. Und Andrea Pichls, sich in der Sammlung des Hamburger Bahnhof befindliche Arbeit *Doublebind* (2011), die Verschränkung der maßstabsgerechten Dimensionen solcher Wohnungen mittels eines Stecksystems zur Skulptur, bezeugt auf körperlich nachvollziehbare Weise, warum das als befreiend gedachte eben auch als einengend erlebt werden konnte.

Selbst das markante Hochhaus der Auslandsabteilung des Ministeriums für Staatssicherheit an der Frankfurter Allee war ein adaptierter Spezialbau auf Grundlage des WBS 70.

"Our architecture is no longer distinguishable from that of West Germany."[15]

In the end, however it was precisely this development that made East German building distinguishable after all—part of the dialectic of the nation's architectural history often explored by Pichl. The components and dimensions of the housing construction system "Wohnungsbausystem (WBS) 70," which would ultimately define most of the new building in the GDR, are very specific indeed. The one-room, two-room, and four-room apartments of WBS 70 shaped the image of East Germany and the spatial experience of its inhabitants, and to some extent still do so today. And the nested interlocking of true-to-scale models of these apartments in Andrea Pichl's *Doublebind* (2011), now in the collection of Hamburger Bahnhof, makes it possible to experience at a corporeal level how something

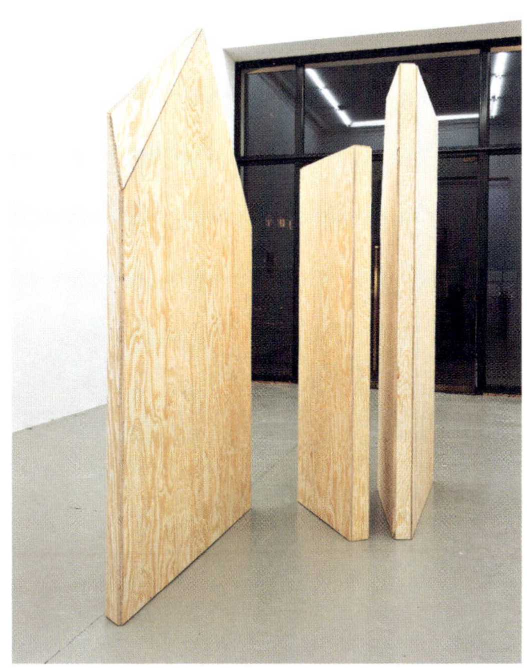

Andrea Pichl, *zwischen*, 2012, 220 × 150 × 180 cm, Sperrholz / plywood, **Ausstellungsansicht** / exhibition view KROME Gallery, Berlin 2012

14 Pichls Installation *Palimpsest* (2024) am und in Auseinandersetzung mit dem heutigen Detlev-Rohwedder-Haus, Sitz des Bundesfinanzministeriums, erbaut als Sitz von Hermann Görings Reichsluftfahrtministerium, thematisiert unter anderem die von Ernst Neufert vorangetriebene Normung von Industriebauten und schließlich Behelfsheimen.

15 Zit. Nach: Thomas Hoscislawski, *Bauen zwischen Macht und Ohnmacht, Architektur und Städtebau in der DDR*, Berlin: Verlag für Bauwesen, 1991, S. 150f.

15 Quoted in Thomas Hoscislawski, *Bauen zwischen Macht und Ohnmacht, Architektur und Städtebau in der DDR*, Berlin: Verlag für Bauwesen, 1991, p. 150f.

(Die detaillierte Planskizze für Erich Mielkes täglich zu servierende Frühstückstablett, die sich in Andrea Pichls Zeichnungen zur Stasizentrale findet, lässt sogar das Verhältnis von Kaffeekanne und Eierbecher des mächtigen Ministers als Frage der Raumplanung erscheinen.) In den nachgebauten Genex-Bungalows ihrer Ausstellung im Hamburger Bahnhof findet sich auch ein Foto, das nach der Stürmung der Stasi Ende 1989 in dem Komplex gefunden wurde und das Pichl auf Betonplatten gedruckt hat. Es zeigt Mitarbeiterinnen der Staatssicherheit der DDR beim Betriebssport – und zwar beim Yoga, das seit den 1970er-Jahren von einer indischen Spiritualtechnik zunehmend zu einer Art Trendsport im Westen geworden war. Das von Jane Fonda in den 1980er-Jahren popularisierte Aerobic hieß in der DDR „Popgymnastik"; es ist aber leider nicht überliefert, ob die Tschekistinnen des MfS eigene Begriffe auch für die Yoga-*Asanas* hatten, die sie auf diesem Foto durchturnen. Nach Auskunft einer Berliner Yoga-Lehrerin tun sie das zwar nicht ganz korrekt, aber eben auch nicht ganz verkehrt.[16]

that was intended to be liberating could also feel subjectively confining.

Even the striking high-rise that housed the foreign department of the Ministerium für Staatssicherheit [Ministry for State Security, also called Stasi] on Frankfurter Allee was a special-purpose building adapted on the basis of WBS 70. (The detailed sketch of the breakfast tray served daily to Erich Mielke, found among Andrea Pichl's drawings of the Stasi headquarters, makes even the relationship between the coffeepot and egg cup of the powerful minister seem like a question of spatial planning.) A photo found in the Stasi headquarters after it was stormed in late 1989 now appears in the replicated Genex bungalows of Pichl's exhibition at Hamburger Bahnhof, printed on concrete panels. It shows the female staff of the East German state security agency participating in a company exercise program—specifically, yoga, which since the 1970s had increasingly transmuted from an Indian spiritual technique into a trendy form of exercise in the West. The aerobics popularized by Jane Fonda in the 1980s were called

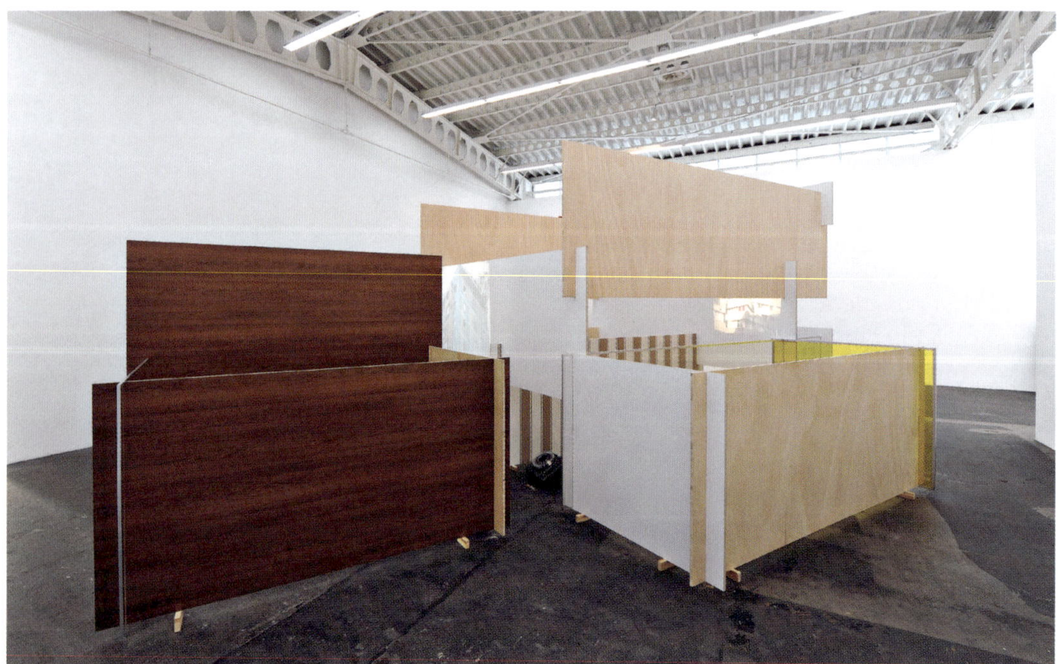

Andrea Pichl, *doublebind*, 2011, 295 × 445 × 680 cm, Tischlerplatte, Acrylglas, Aluminium, Papier, Projektionen / lumber-core plywood, acrylic glass, aluminum, paper, projections, Staatliche Museen zu Berlin, Nationalgalerie, Berlin, 2019 Ankauf von / acquired from Andrea Pichl, Ausstellungsansicht / exhibition view Hamburger Bahnhof – Nationalgalerie der Gegenwart, Berlin, 2011

Das, worauf nun Pichl die Aufmerksamkeit lenkt, ist ohnehin etwas anderes: die üppigen Ornamente auf den zu Yogamatten zusammengelegten Decken und den Vorhängen. Denn auch das ist offenbar so ein dialektisches Prinzip der Moderne: Je rationaler die Architektur, desto floraler die ebenfalls seriellen Textilien. Und selbst das war – wer sollte es besser gewusst haben als die sogenannten Auslandsaufklärer der Stasi – nicht anders als ungefähr ein Jahrzehnt zuvor im Westen.

Popgymnastik in the GDR; unfortunately, it is not known whether the female Chekists of the Stasi also had their own names for the yoga *asanas* in this photo. According to a yoga teacher in Berlin, they are performing them not entirely correctly, but not entirely incorrectly either.[16]

But the focus of Pichl's attention lies elsewhere, on the sumptuous ornamentation of the curtains and of the blankets placed together to form yoga mats. This, too, seems like a dialectical principle of modernism: the more rational the architecture, the more floral the textiles, serially produced though they be. And it was no coincidence that this, too—as the so-called foreign intelligence officers of the Stasi would have known better than anyone—had emerged a decade before in the West.

---

16 Auf dem ausgestellten Foto handelt es sich demnach um eine Salamba Sarvangasana Variation, deutscher Name: Schulterstand. (Ich danke M.K., Berlin, für die Begutachtung.) Tatsächlich wurde Yoga gerade von der Staatssicherheit noch in den 1970er-Jahren wegen „Mystizismus" als gefährlich eingeschätzt, beobachtet und zum Teil verfolgt. Ausgerechnet den Behörden der DDR kam die spirituelle Dimension und die religiösen Komponenten von Yoga damals noch vorrangig vor. Während Yoga im Westen dann zu einer populären Wellness- und Fitness-Praxis profaniert wurde, weichte auch in der DDR die harte Haltung auf; Ende der 1970er-Jahre ist hier vom Gesundheitssport „Yoganastik" die Rede. Nachdem der Inder Rakesh Sharma 1984 in einer sowjetischen Raumkapsel mit Yoga experimentiert hatte, war der Bann offenbar gebrochen. Vgl. Mathias Tietke, *Yoga in der DDR – Geächtet, Geduldet, Gefördert: Inklusive: Die Rezeption des Yoga im Ostblock und in der sowjetischen Raumfahrt*, Kiel: Ludwig Verlag, 2014.

16 The photo shows a variation of *salamba sarvangasana*, or shoulder stand (I am grateful to M.K., Berlin, for the expert review). Even into the 1970s, yoga was considered dangerous by the Stasi due to its "mysticism" and was surveilled and to some extent persecuted. Perhaps surprisingly, at that time the authorities of the GDR still considered the spiritual and religious element of yoga to be its predominant dimension. When yoga began to be secularized in the West as popular wellness and fitness practice, the GDR also softened its hard line, and in the late 1970s "yoganastics" emerged as a recreational sport. Apparently, the ban was finally lifted in 1984 when the Indian astronaut Rakesh Sharma experimented with yoga in a Soviet space capsule. Cf. Mathias Tietke, *Yoga in der DDR – Geächtet, Geduldet, Gefördert: Inklusive: Die Rezeption des Yoga im Ostblock und in der sowjetischen Raumfahrt*, Kiel: Ludwig Verlag, 2014.

Andrea Pichl

Geboren / Born in Haldensleben, DE (damals DDR / then GDR)
Lebt und arbeitet / Lives and works in Berlin, DE

Ausbildung /
Education

1998
MA in Fine Arts, Chelsea College of Art &
Design, London, GB

1997
Diplom / Diploma, MA in Fine Arts,
Kunsthochschule Berlin, Berlin, DE

Ausgewählte
Einzelausstellungen /
Selected Solo
Exhibitions

2024
Wertewirtschaft / Values of Economy.
Hamburger Bahnhof – Nationalgalerie der
Gegenwart, Berlin, DE; Katalog / catalog
Palimpsest. Bundesministerium der Finanzen,
Detlev-Rohwedder-Haus, Berlin, DE

2023
Kiosk – Fragmente einer Zeit / Kiosk –
Fragments of a Time. Kunsthalle Rostock,
Rostock, DE; Katalog / catalog

Wessen Morgen ist der Morgen? Wessen
Welt ist die Welt? / Whose tomorrow is the
tomorrow? Whose world is the world?
Uferhallen, Berlin, DE

2022
Dogmen. Schwartzsche Villa, Berlin, DE;
Katalog / catalog

2020
Die andere Seite / The other site.
Berlin Weekly, Berlin, DE

2019
Vielschichtig: Von der Räumlichkeit der
Flächenteilung. Dieselkraftwerk,
Brandenburgisches Landesmuseum
für moderne Kunst, Cottbus, DE
Matthew Burbidge, Andrea Pichl. Studio
im HOCHHAUS, Berlin, DE

2018
widerstreben. galerie weisser elefant,
Berlin, DE
Ein Beistand. CNTRM WRNHS, Berlin, DE

2017
Keine Atempause, Geschichte wird gemacht.
Kunstverein am Rosa-Luxemburg-Platz,
Berlin, DE

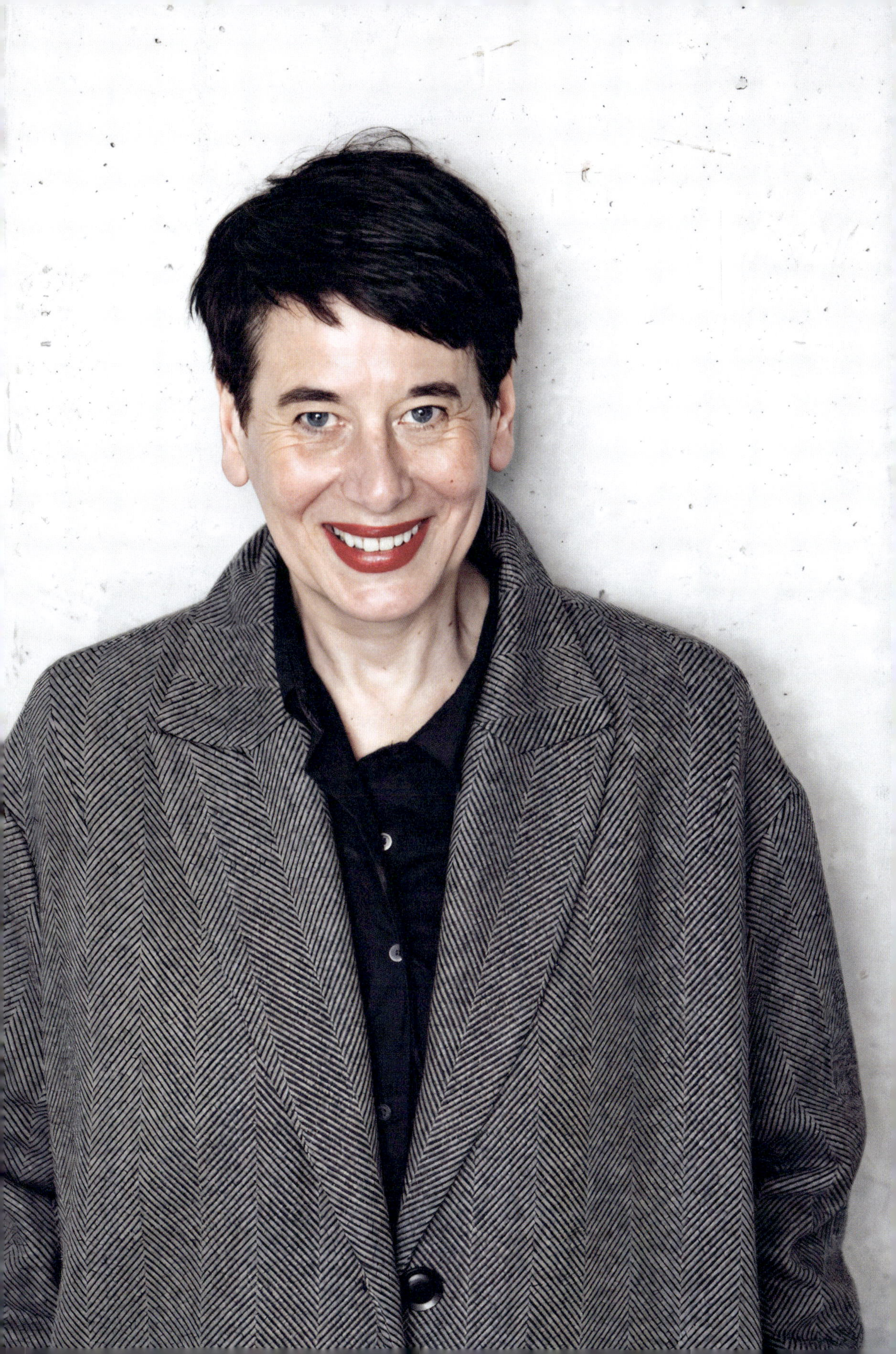

2015
Gun Hill Road. Kunstverein am Rosa-Luxemburg-Platz, Berlin, DE

2014
Unterkunft Freiheit / Accommodation Freedom. Kunstmuseum Moritzburg, Halle (Saale), DE, Katalog / catalog
Es kömmt drauf an. / The point is. IG Metall-Haus & Haus am Lützowplatz, Berlin, DE
Dialogue. Mit / With Anne-Mie van Kerckhoven. M HKA, Museum van Hedendaagse Kunst, Antwerpen / Antwerp, BE

2012
Endliche Folgen / Limited Outcome. Berlin Weekly, Berlin, DE

2011
Inherent Shortcomings / Natürliche Mängel. Irish Museum of Modern Art, Dublin, IR

2010
Aus dem abweichenden Winkel / From a Deviating Angle. National Gallery, Tashkent / Taschkent, UZ; Katalog / catalog
Für immer und immer / For ever and ever. Mies van der Rohe Haus, Berlin, DE; Katalog / catalog

Kuratorische Projekte / Curatorial Projects

2022
Worin unsere Stärke besteht: Fünfzig Künstlerinnen aus der DDR. Kunstraum Kreuzberg, Berlin, DE; Katalog / catalog

2021
I saw the Sign. Schau Fenster, Berlin, DE

2018
Pissing in a River. Again! Mit / With Stephanie Kloss. Kunstraum Kreuzberg, Berlin, DE

2017
Pissing in a River. Kosmetiksalon Babette, Berlin, DE

Ausstellungs-architektur und Bühnenbild / Exhibition Architecture and Stage Design

2009
Gefühlssache Revolution / Revolution: An Emotional Condition. Volksbühne, Berlin, DE

2007
Fluxus East. Künstlerhaus Bethanien, Berlin, DE (weitere Stationen / traveled to: Contemporary Art Center, Vilnius, LT; Kumu Art Museum, Tallinn, EE); Katalog / catalog

2005
ostPUNK! – too much future / Punk in the GDR. Künstlerhaus Bethanien, Berlin, DE; Katalog / catalog

Kunst am Bau-Projekte / Art in Architecture Projects

2024
Freiheits- und Einheitsdenkmal Leipzig, Stiftung Friedliche Revolution, Leipzig, DE (nicht realisert / not executed)
Franz-Mehring-Platz, Bezirksamt Kreuzberg, Berlin, DE (nicht realisert / not executed)

2023
Hoch hinaus. Grundschule Lichtenberg, Berlin, DE (realisiert / executed)

2022

Atomic Garden. Institut für Biologie,
Humboldt-Universität zu Berlin
(realisiert / executed)

2020

Deutsche Botschaft, Moskau / Moscow, RU
(nicht realisert / not executed)

2016

Charles-Tanford-Proteinzentrum,
Martin-Luther-Universität Halle-Wittenberg,
Halle/Saale, DE (nicht realisert / not executed)
Campusbibliothek, Freie Universität Berlin,
Berlin, DE (nicht realisert / not executed)
Charité Campus Berlin Buch, Berlin, DE
(nicht realisert / not executed)

2015

Fraunhofer Institut, München / Munich, DE
(nicht realisert / not executed)

2011

Staatliche Ballettschule Berlin, Berlin, DE
(nicht realisert / not executed)

Ausgewählte Gruppenausstellungen / Selected Group Exhibitions

2024

Vergangenes Vergnügen. Spreepark Art
Space, Berlin, DE

2023

Der Raum überwindet Raum und Zeit.
Galerie im Turm, Berlin, DE
Lapidar. Kunstraum Potsdam, Potsdam, DE

2022

Vergoldet / Doré. Schloss Biesdorf, Berlin, DE
(weitere Stationen / traveled to: Château de
Nyon, Nyon, CH)

Push & Pull – Territorien zwischen Land und
Meer. Künstlerhaus Schloss Plüschow,
Berlin, DE
Das Pferd frisst keinen Gurkensalat.
Kunstraum Potsdam, Potsdam, DE
Worin unsere Stärke besteht: Fünfzig Künstlerinnen aus der DDR. Kunstraum Kreuzberg,
Berlin, DE; Katalog / catalog

2021

Secret friends. Kunsthalle Wilhelmshaven,
Wilhelmshaven, DE
…oder kann das weg? Fallstudien zur
Nachwende. NGBK, Berlin, DE
Zu einem neuen Ganzen. loop – Raum
für aktuelle Kunst. Berlin, DE
I saw the Sign. Schau Fenster, Berlin, DE
Die Balkone – Scratching the Surface.
Prenzlauer Berg, Berlin, DE
The Artist as Curator's Art Vol. XI.
Schau Fenster, Berlin, DE

2020

Ihr: Sentimentalitäten in Deutschland.
Kunstraum Potsdam, Potsdam, DE

2019

Turnen / Gymnastics: A Vocabulary of
Revolutionary Gestures. Campus für
Demokratie, Berlin, DE
Palast der Republik. Kunsthalle Rostock,
Rostock, DE
Eigenbedarf. Uferhallen, Berlin, DE
Modell und Ruine / Model and Ruin.
Werkleitz Festival, Dessau, DE

2018

Pissing in a River. Again! Kunstraum Kreuzberg, Berlin, DE

2017

Zwischen Räumen / Between Spaces. ZKR –
Zentrum für Kunst und öffentlichen Raum
im Schloss Biesdorf, Berlin, DE
The Brutalism Appreciation Society. HMKV,
Dortmund, DE
Concrete Utopia. Schau Fenster, Berlin, DE

2016
Raster Beton. Kunstverein D21, Leipzig, DE

2014
Scraps of poetry. Deutsches Haus,
New York University, New York City, NY, US
Die Stadt als Baustelle / The city as a
construction area. Skulpturenmuseum
Glaskasten, Marl, DE
Die Ästhetik des Widerstands / The Aesthetics
of Resistance. Galerie im Turm, Berlin, DE
Bild und Anpassung / Image and adaption.
Palais für aktuelle Kunst, Glückstadt, DE

2013
item perspectiva. Espace Beaumont,
Luxembourg, LU
Gegenwelten / Alternate Worlds.
Kunsthistorisches Museum Schloss Ambras,
Innsbruck, AT

2011-2013
Architektonika & Architektonika II.
Hamburger Bahnhof – Museum für
Gegenwart – Berlin, Berlin, DE

2009
Reconstructed Zone. Kunstverein Wolfsburg,
Wolfsburg, DE; Katalog / catalog

Ausgewählte Bücher /
Selected Books

Sternberg Press (Hg. / ed.), *Andrea Pichl,*
Berlin: Sternberg Press, 2019.

Sternberg Press (Hg. / ed.), *Andrea Pichl,*
Berlin: Sternberg Press, 2013.

Auszeichnungen und Stipendien /
Awards, Fellowships and Grants

1999
DAAD-Stipendium / DAAD-Fellowship,
London, GB

Lehre /
Teaching

2021
Genau wie früher. Universität der Künste
Berlin, Berlin, DE

2019
Es kann immer auch ganz anders sein.
Universität der Künste Berlin, Berlin, DE

2018
Universität der Künste Berlin, Berlin, DE

2017
absichtlich stolpern. Mit / With Prof. Dr. Matthias
Noell, Universität der Künste Berlin, Berlin, DE

2016
Vorwärts, wir müssen zurück! Von der Theorie
in die Praxis. Mit / With Prof. Dr. Tobias Vogt,
Universität der Künste Berlin, Berlin, DE

2015/2016
Es kann immer auch ganz anders sein.
Universität der Künste Berlin, Berlin, DE

2015
Es kommt aber darauf an.
Universität der Künste Berlin, Berlin, DE

2008 – 2010
Ästhetische Praxis, Universtität der Künste
Berlin, Berlin, DE

2005/2006
Weißensee Kunsthochschule Berlin,
Berlin, DE

2003/2004
Hochschule für Bildende Künste
Braunschweig, Braunschweig, DE

Öffentliche Sammlungen / Public Collections

Kunsthalle Rostock, Rostock, DE
Staatliche Museen zu Berlin, Nationalgalerie,
Berlin, DE
Fondation Real Lios, Lissabon / Lisbon, PT

Impressum / Imprint

Diese Publikation erscheint anlässlich der Ausstellung /
Published on the occasion of the exhibition
Andrea Pichl. Wertewirtschaft / Values of Economy
8. November 2024 – 4. Mai 2025 /
November 8, 2024 – May 4, 2025
im / at Hamburger Bahnhof – Nationalgalerie der
Gegenwart, Staatliche Museen zu Berlin
Direktoren / Directors: Sam Bardaouil & Till Fellrath
smb.museum/hbf

Ausstellung / Exhibition

Kurator / Curator: Sven Beckstette
Restauratorische Betreuung / Conservation:
Ina Hausmann, Eva Hummert, Eva Rieß, Anke Weidner
Ausstellungskoordination / Exhibition Coordination:
Elena Montini, Sophie Schattner
Kommunikation / Communication: Fiona Geuß,
Anna Nike Sohrauer, Lorenz Dünges, Nada Hussein,
Theo Lemaire
Kunstvermittlung / Mediation: Claudia Ehgartner
Sekretariat / Office: Katrin Berendsen
Sammlungsverwalter / Collection Management:
Jörg Lange, Thomas Seewald
Hauselektrik / Inhouse Electrics: Garry Rogge
Haustechnik / Maintenance: Dirk Wagner, Stefan
Gösche, Stefan Kuhnert, Frank Wloka
Praktikantin / Intern: Laura-Marie Schulze

Projektleitung / Project Management: Marcus Bahra
Ausstellungsbau / Exhibition Construction: kubix GmbH,
LICHTblick Bühnentechnik GmbH
Art Handling / Art Handling: Abrell & van den Berg
Elektrik / Electrics: Peter Wiedmann
Medientechnik / Audiovisuals: Eidotech GmbH
Ausstellungsgrafik / Exhibition Graphics: Eps51
Produktion Ausstellungsgrafik / Production of Exhibition
Graphics: Annette Herwegh

Publikation / Catalog

Für die / For the Nationalgalerie – Staatliche Museen
zu Berlin herausgegeben von / edited by
Sam Bardaouil & Till Fellrath
Autor*innen / Authors: Sven Beckstette, Gabriele
Knapstein, Andrea Pichl, Peter Richter
Redaktion / Editing: Lisa Hörstmann
Übersetzungen / Translations: Melissa M. Thorson
Ausstellungsfotografie und Bildredaktion /
Exhibition Photographer and Photo Editor:
Jacopo La Forgia

Cover: Ausstellungsansicht / installation view
Andrea Pichl. Wertewirtschaft / Values of Economy,
Hamburger Bahnhof – Nationalgalerie der Gegenwart,
Berlin, 2024/25
Visuelles Konzept und Design / Visual Concept and
Design: Eps51
Druck und Bindung / Printing and Binding:
Tipostampa, Moncalieri
Papier / Paper: Fedrigoni Arena White Rough
Schriften / Typefaces: Bagoss Variable

Silvana Editoriale

Hauptgeschäftsführung / Chief Executive: **Michele Pizzi**
Verlagsleitung / Editorial Director: **Sergio Di Stefano**
Art Director: Giacomo Merli
Redaktionskoordination / Editorial Coordinator:
Chiara Tulli
Korrektorat / Copy Editor: **Cristina Pradella**
Produktionskoordination / Production Coordinator:
Antonio Micelli
Redaktionsassistenz / Editorial Assistant:
Giulia Mercanti
Photo Editor: Silvia Sala
Pressestelle / Press Office: **Lidia Masolini**

Erschienen bei / Published by **Silvana Editoriale S.p.A.,**
Cinisello Balsamo.
www.silvanaeditoriale.it

Die Deutsche Nationalbibliothek verzeichnet diese
Publikation in der Deutschen Nationalbibliografie;
detaillierte bibliografische Daten sind im Internet über
http://dnb.dnb.de abrufbar. / The German National
Library lists this publication in the German National Bibli-
ography. Detailed bibliographic data are available at
http://dnb.dnb.de.

Printed in the EU
ISBN: 978 883 665 6561

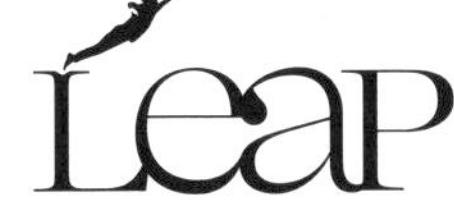

Abbildungsverzeichnis / Photo Credits

Für alle abgebildeten Werke von / For all reproduced works by **Andrea Pichl:**
© Andrea Pichl. 2024 VG Bild-Kunst, Bonn. By SIAE, 2024

Foto / Photo Cover, S. / pp. 44–81: © Staatliche Museen zu Berlin, Nationalgalerie / Jacopo La Forgia
Foto S. / Photo p. 27: © Claudia Mucha
Foto S. / Photo p. 29: © Marcus-Andreas Mohr
Foto S. / Photo pp. 30, 31, 38–40, 43, 97: © Roman März
Foto S. / Photo p. 32: © M HKA
Foto S. / Photo pp. 33, 93: © Eric Weiss
Foto S. / Photo p. 34: © Andrea Pichl
Foto S. / Photo p. 35: © Kunsthalle Rostock
Foto S. / Photo pp. 36, 37, 94: © Marion Lammersen / kubix
Foto S. / Photo pp. 90, 91: © Tim Kellner

Dank/ Acknowl- edgements

Die Ausstellung wird gefördert von LEAP
Art Foundation. Mit Unterstützung
der Hamburger Bahnhof International
Companions e. V. /
The exhibition is supported by LEAP Art
Foundation. With the support of Hamburger
Bahnhof International Companions e. V.

Die Publikation wurde ermöglicht durch
die Freunde der Nationalgalerie. /
The publication was made possible by
Freunde der Nationalgalerie.

- die gesamte Fundamentierung
- die Montage der gelieferten Bauteile
- Klempner- und Dachdeckerarbeiten
- Elektroinstallationen sowie evtl. Gasversorgung
- Be- und Entwässerung
- Malerarbeiten innen und außen einschl. Material
- Sanitärinstallation

Auf Wunsch können die Bungalows bis zum Aufstellort
transportiert werden, wobei die Transportkosten vom
Empfänger zu tragen sind und das Abladen der Bauteile zu organisieren ist.

Um bei Erholungsbauten
des Winters zu gewährleis
Bestellungen des Jahres
entgegen, die ersten Bes
der ab Januar 1987!

Alle Angaben für die Bung
Orientierungsdaten. Eber
lediglich der Information u
den Ausstattungsumfang
vor, aus technischen oder
jederzeit Änderungen vor

Gartenlaube «GL 25»

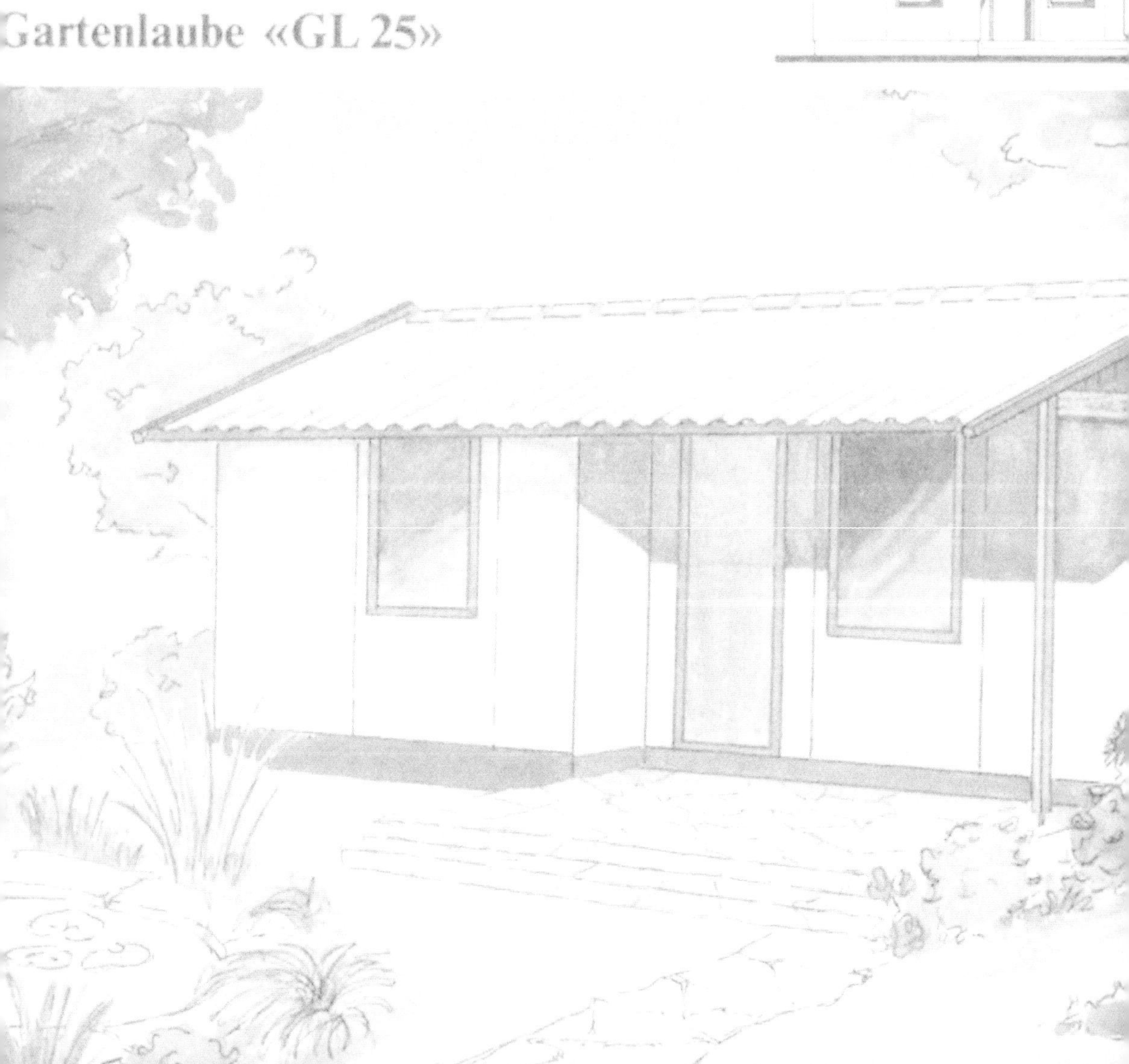

slieferung vor Beginn
nmen wir die letzten
Mitte September
n für 1987 dann wie-

nd Gartenlauben sind
en die Abbildungen
nicht verbindlich für
steller behalten sich
nnischen Gründen
en

-Matten

| 45.311 | 50 kg Zement | 7,- |
| 45.701 | 1 m² Mineralwollebahnen oder -Matten | 6,- |

Bei Baumaterialien sind die Transportkosten vom Empfänger zu tragen.

Für folgende weitere Baumaterialien verlangen Sie bitte unser Sonderangebot:

Mauerziegel, Baukalk, Glasvliesdachbelag, Asbestzement-Bauplatten und -Welltafeln.

Gartenlaube «GL 25»

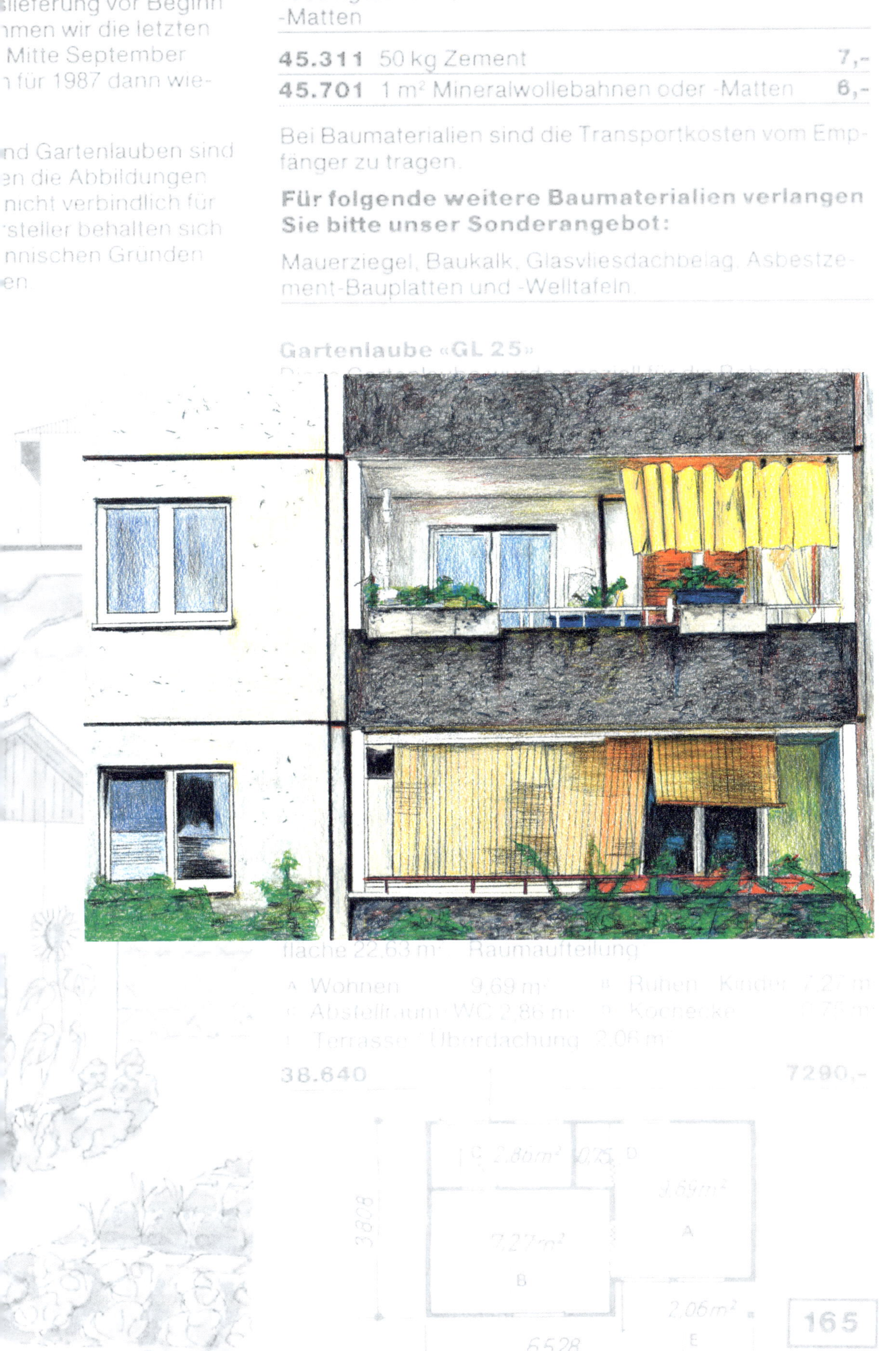

flache 22.63 m²   Raumaufteilung

A Wohnen   9,69 m²   B Ruhen Kinder 7,27 m²
C Abstellraum-WC 2,86 m²   D Kochecke
E Terrasse-Überdachung 2,06 m²

| 38.640 | | 7290,- |

165

Gartenlaube «GL 17»

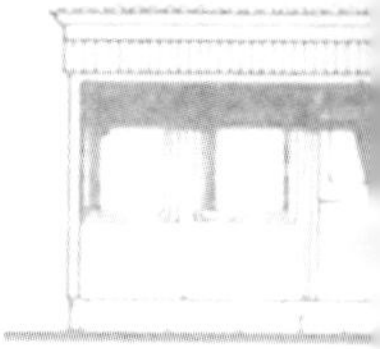

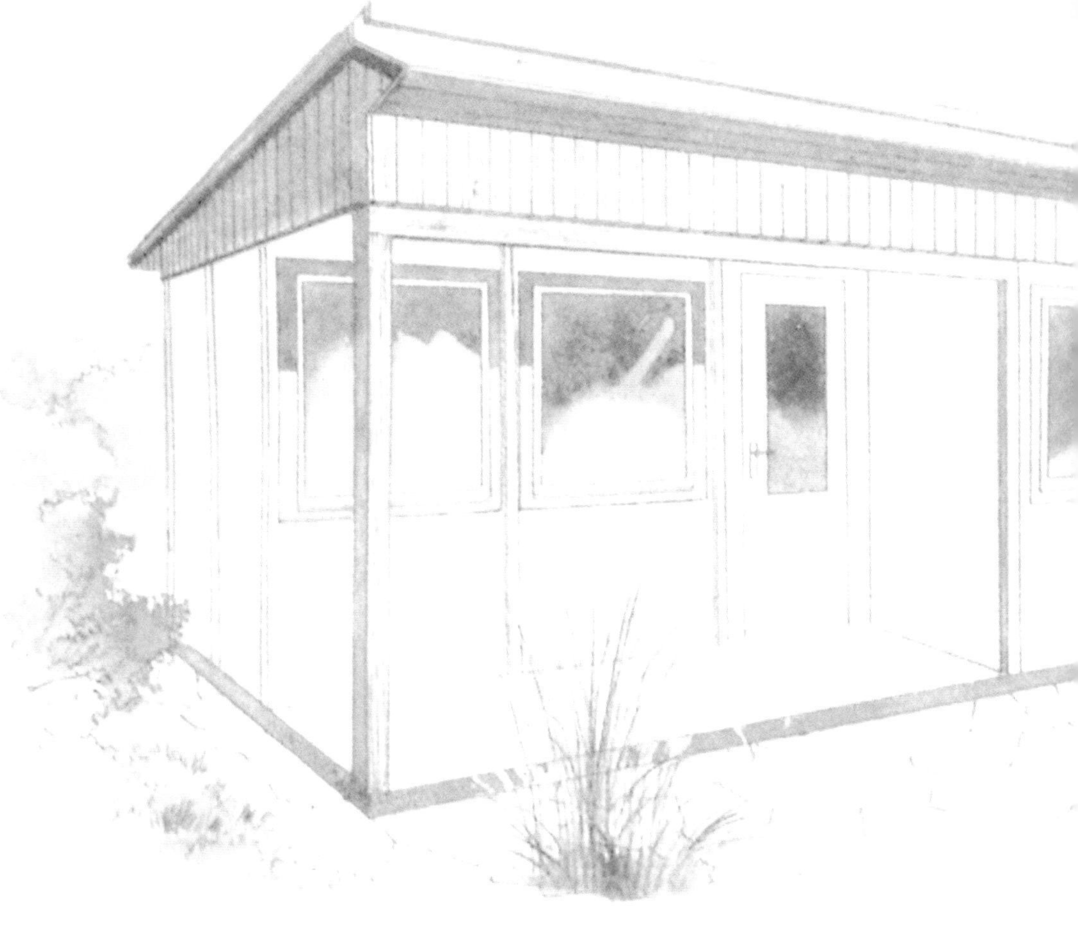

Gartenlaube «GL 14»

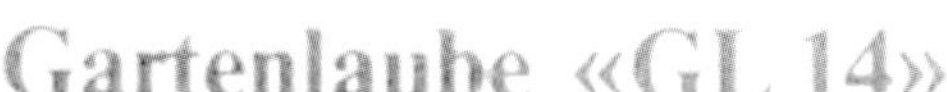

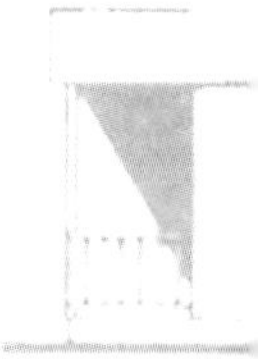

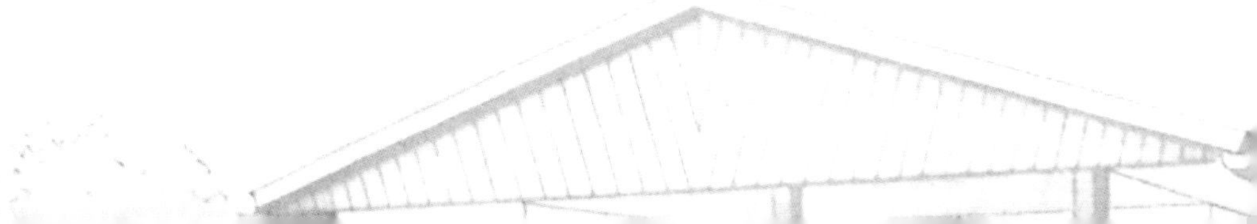

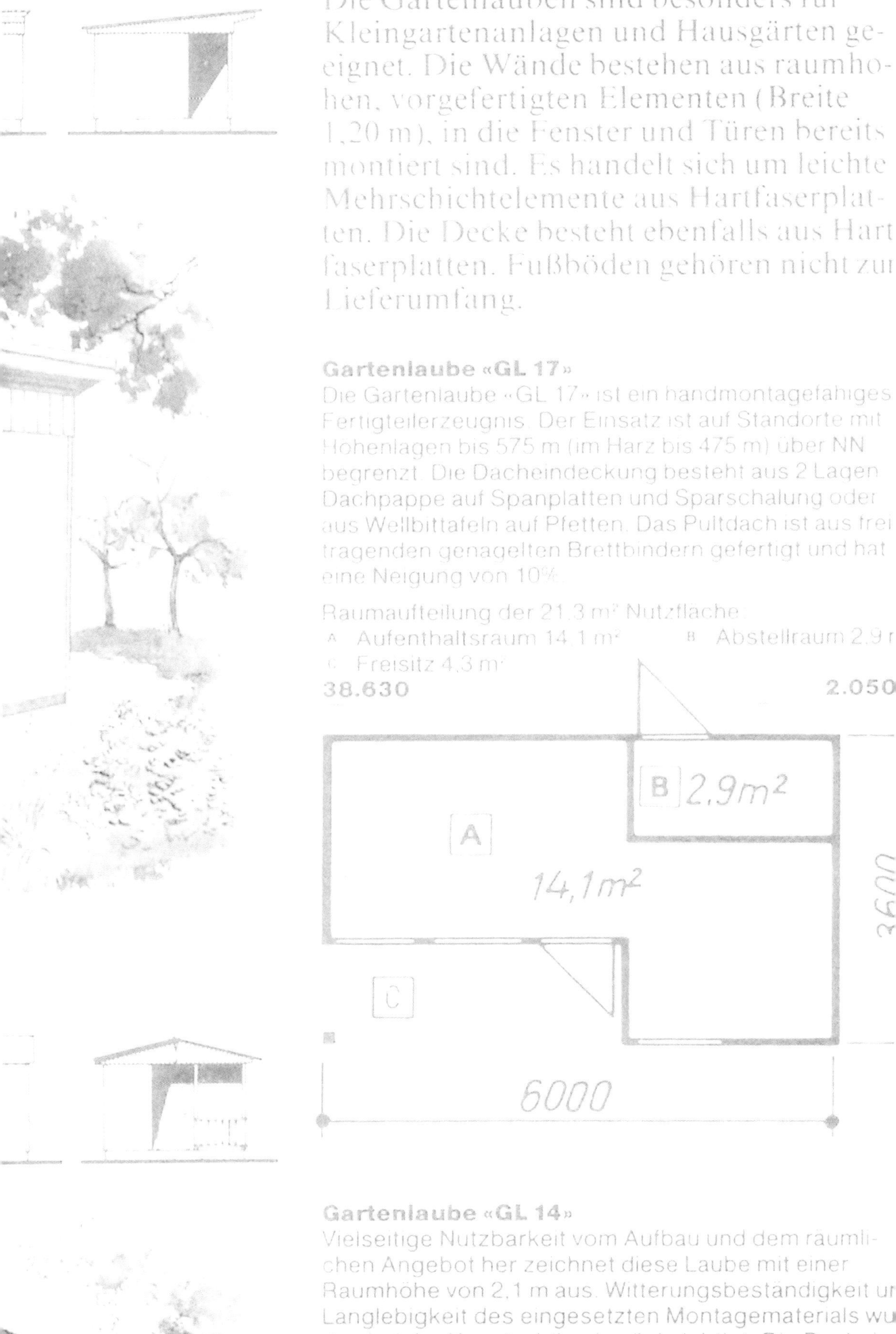

Die Gartenlauben sind besonders für Kleingartenanlagen und Hausgärten geeignet. Die Wände bestehen aus raumhohen, vorgefertigten Elementen (Breite 1,20 m), in die Fenster und Türen bereits montiert sind. Es handelt sich um leichte Mehrschichtelemente aus Hartfaserplatten. Die Decke besteht ebenfalls aus Hartfaserplatten. Fußböden gehören nicht zum Lieferumfang.

Gartenlaube «GL 17»

Die Gartenlaube «GL 17» ist ein handmontagefähiges Fertigteilerzeugnis. Der Einsatz ist auf Standorte mit Höhenlagen bis 575 m (im Harz bis 475 m) über NN begrenzt. Die Dacheindeckung besteht aus 2 Lagen Dachpappe auf Spanplatten und Sparschalung oder aus Wellbittafeln auf Pfetten. Das Pultdach ist aus frei tragenden genagelten Brettbindern gefertigt und hat eine Neigung von 10%.

Raumaufteilung der 21,3 m² Nutzfläche:

A Aufenthaltsraum 14,1 m²   B Abstellraum 2,9 m²
C Freisitz 4,3 m²

38.630   2.050

Gartenlaube «GL 14»

Vielseitige Nutzbarkeit vom Aufbau und dem räumlichen Angebot her zeichnet diese Laube mit einer Raumhöhe von 2,1 m aus. Witterungsbeständigkeit und Langlebigkeit des eingesetzten Montagematerials wurden bei der Konstruktion berücksichtigt. Die Dacheindeckung

Bungalow «B 22»

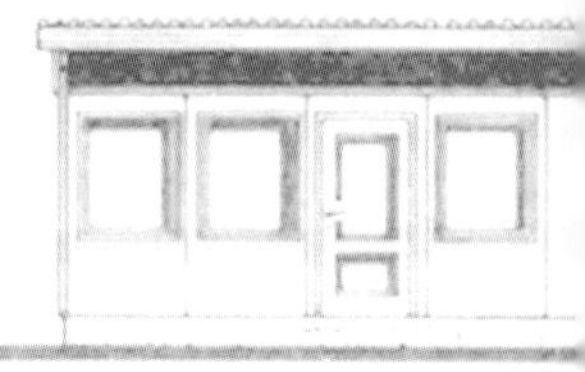

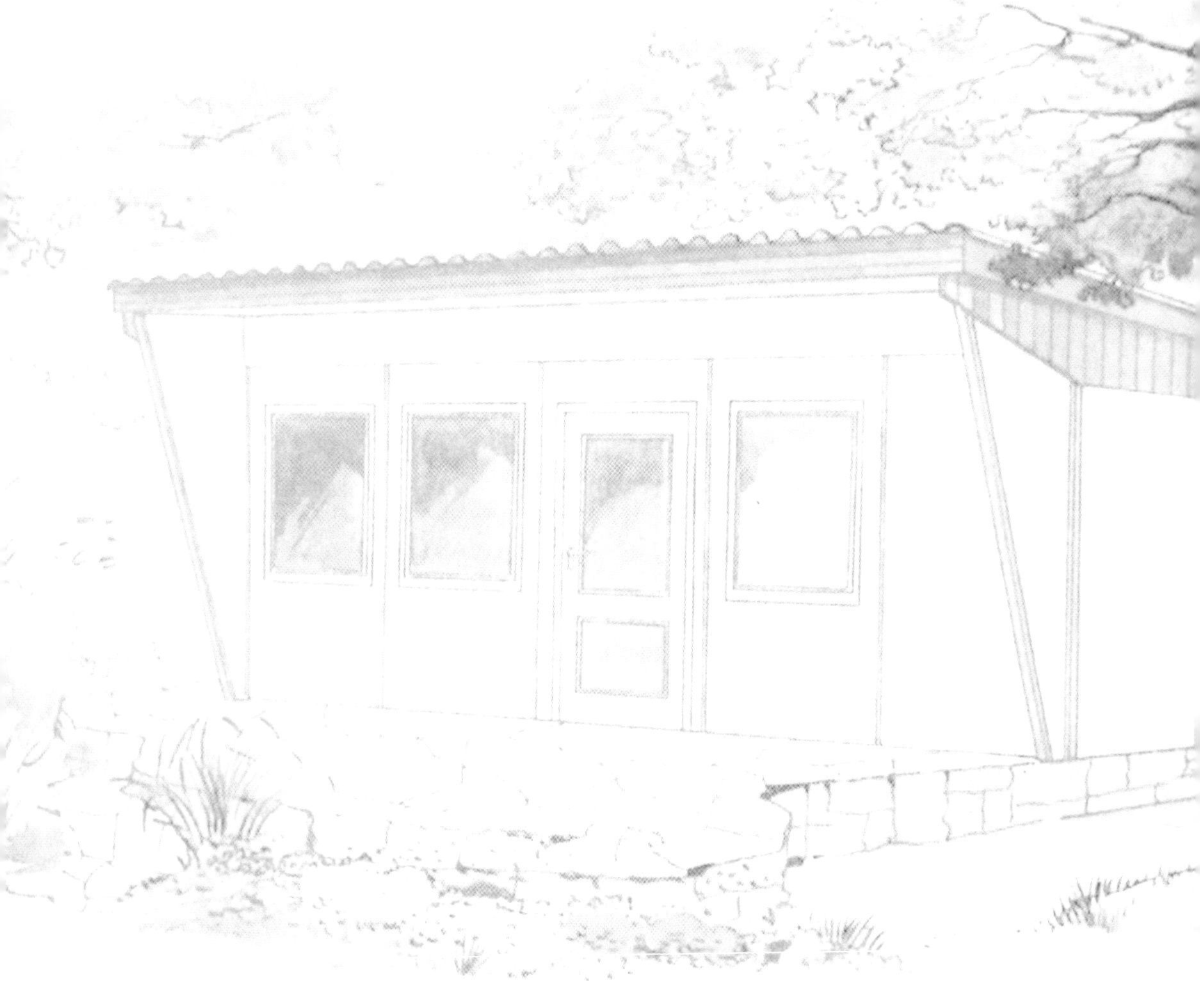

ungalow «B 22»

 den Sommermonaten bietet dieser Bungalow einer
-4köpfigen Familie einen erholsamen Aufenthalt. Die
lienbeschichtete Innenkassettendecke und die plas-
mmantelten Fenster (mit Vorsatzläden) vermitteln
ne gute Raumatmosphäre. Die Wände bestehen
oenfalls aus vorgefertigten Elementen, raumhoch, mit

einer Breite von ca. 1,20 m
67 mm dicke, leichte Meh-
Deckschichten aus Hartfa-
lage aus Polystyrolschaum
Dacheindeckung besteht
feln. Das flache Pultdach h

Bitte beachten Sie bei Bungalows

Der Empfänger muß sich selbst um die Beschaffung
er Aufstell- bzw. Standortgenehmigung bemühen, da
vir verständlicherweise auf die örtlichen Besonderhei-

Die Lieferzeit beträgt ca. 2
fänger die Aufstellgenehn
gan vorgelegt sowie den A
konkrete Liefertermin wir
und dem Auslieferbetrieb

wird aus freitragenden Brettbindern gebildet. Wie alle
unsere anderen Bungalows kann auch dieser in Selbst-
montage gebaut werden. Der Fußboden gehört nicht
zum Lieferumfang. Empfohlen wird Zementestrich auf
Unterbeton und Fußbodendämmplatten.

Der Bungalow «B 22» ist für Kleingartenanlagen, Bun-
galowsiedlungen und für die individuelle Erholung auf
Standorten mit Höhenlagen bis 300 m (im Harz bis
250 m) NN geeignet.

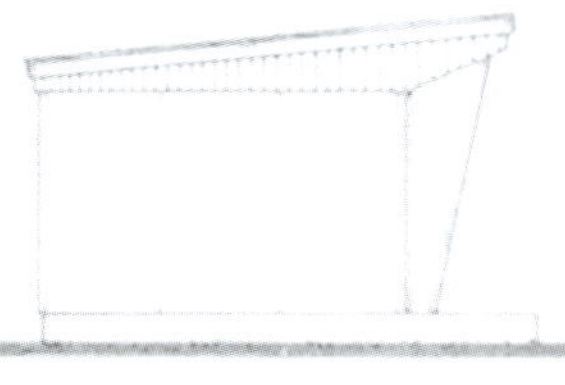

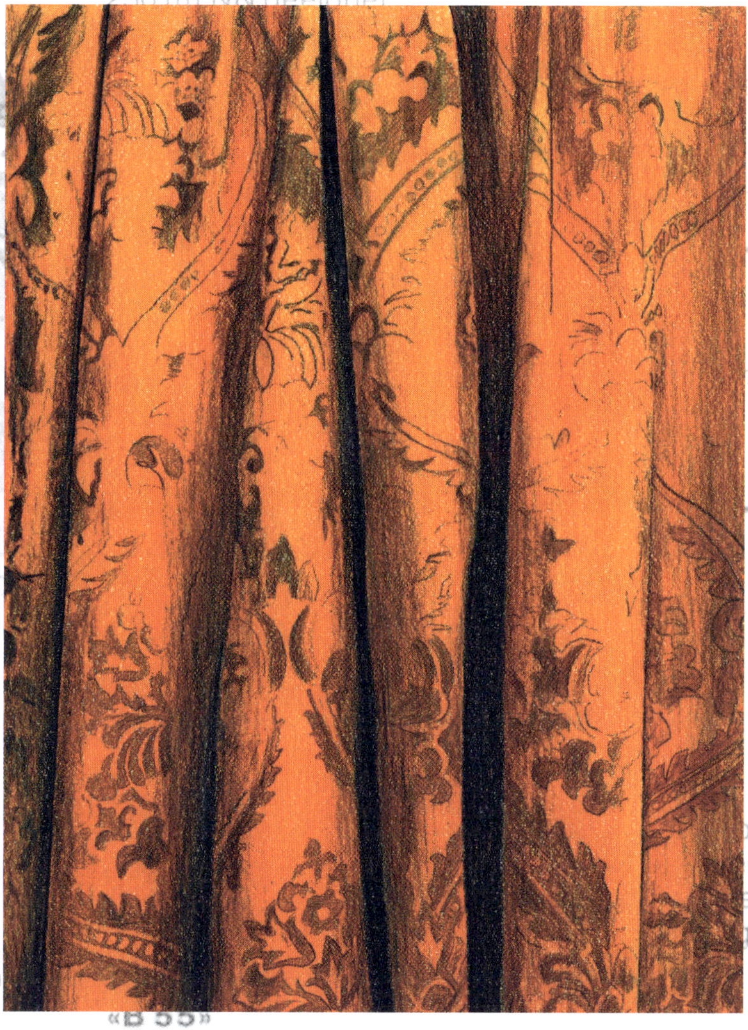

«B 55»
3250 kg Zement, 60 m² Mineralwollebahnen oder -Mat-
ten

«B 34»
2250 kg Zement, 40 m² Mineralwollebahnen oder
-Matten

«B 22»
1750 kg Zement, 25 m² Mineralwollebahnen oder
-Matten

«GL 14»
1250 kg Zement, 20 m² Mineralwollebahnen oder
-Matten

«GL 17»